历史记忆

直省谘议局议员联合会报告书汇录

邱涛 点校

北京师范大学出版集团
BEIJING NORMAL UNIVERSITY PUBLISHING GROUP
北京师范大学出版社

整理说明

一、本书所编选的资料，为清末立宪运动中各省谘议局议员联合会的章程、记事录和议决案、杂记等原始文献。

二、本书所收文献，主要来源于《直省谘议局议员联合会第一届报告书》和《直省谘议局议员联合会第二届报告书》，并附录《直省谘议局议员联合会通告书》等资料，是直接反映清末新政、立宪运动中各省谘议局议员联合会情况的原始资料。

三、本卷资料编纂的次序，按照《直省谘议局议员联合会报告书》原有篇目顺序编排，每条材料均注明出处。

四、本卷在纂辑、标点、分段和校勘的过程中，尽量遵照原书分段，资料原文所用繁体字和异体字一律改为通行简化字。某些具体人名、地名不在此限，对清末惯用的一些字词，亦悉仍其旧，如“豫备立宪”、“豫算”，等等。对于原文中明显的误字或异体字，以（ ）标出，在原误字、异体字后于【】内标明正确的字或现在常用的字，脱字以［　］标明，衍字于〈 〉内标明，无法识辨文字以■表示。

五、原始材料中有关诬蔑革命言论或带有各种褊狭之见等内容，为保持资料原貌，均照原文录入。

六、为便于读者更好利用资料，整理者对有必要加注的地方一律加注，以页下注标明。

七、文中各标题，大多为原有标题，惟少量条目系编辑者根据内容重拟标题。

目　　录

第一届直省谘议局议员联合会报告书

第二届直省谘议局议员联合会报告书

第一届直省谘议局议员联合会报告书

一、直省谘议局议员联合会第一届报告书目录

二、直省谘议局议员联合会章程

第一章　总纲

第一条　本会以各省谘议局遣派之议员以组织之。

第二条　本会开会时，各省谘议局皆应遣派本局议员到会，但由谘议局选出之资政院议员，各本局亦得遣派之。

第三条　各省谘议局选出资政院议员，未经各本局遣派者，亦得请其加入为本会会员。

第四条　各省谘议局议员非经谘议局派遣而愿与会者，本会认为参议员，得就特设席发表意见，但不列表决之数。

第五条　本会每年六月在北京开会一次。

第六条　本会开会之期以二十日为限，但得延长至十日以内。

第七条　本会以开会之日为成立，闭会之日为终止。

第八条　本会议事之范围如左：

(一)各省谘议局共通利害之事；

(二)资政院提案豫备之事；

(二)关于本会章程及其他各种规则之事。

第九条　本会议案既经决议后，各省谘议局应取一致之行动。

第十条　本会就各省谘议局中公推一省或二省谘议局，主任关于会议一切应办事件。

第二章　会议

第十一条　本会会议于各省谘议局遣派之议员齐集后开之，但至六月初十以后若到会议员已达十二省以上，得以公决即行开会。

第十二条　本会开会时，由到会之议员互选主席一人，副主席一人。

第十三条　议事之整理及会场之秩序主席司之，主席有事故不能到会时，副主席代之。

第十四条　本会会议设议事日表及议事录，皆公布之。

第十五条　本会会议议决之法用多数决，从人数不从省分。

第十六条　本会会议设旁听席。

第十七条　议事规则别设专条定之。

第三章　主任谘议局

第十八条　主任谘议局应办之事项如左：

(一)通信主任　凡通告、召集、汇齐议案、公布事件等属之。

(二)庶务主任　凡不属前项所列，而系开会时一切应办之事属之。

第十九条　通信主任应于每年二月初十以前，将本届开会应办之事件，先行拟定，详载理由、办法，分别列表通告各省谘议局。

第二十条　通信主任为前条之通告时，应酌定复信到达日期，请各省谘议局各将所提议事件照式誊写，按期寄齐，以便汇集。

第二十一条　通信主任得各省谘议局复信后，应于四月初十日以前，将所征集之议案统列详表，并开会通告书，更通告各省谘议局。其路程较远省份，通信期限不在第九条、第十条及本条第一项范围之内，仍以不误开会期为准。

第二十二条　除前三条所列外，凡开会前其他应行通告之事，及常时本会对外应有之行动，皆通信主任任之。

第二十三条　开会时通信主任应将所有经办事件交由主席报告之。

第二十四条　会议之场所及其他关于开会应行设备之事务，庶务主任任之。

第二十五条　开会时应组织临时办事处，由庶务主任任之。

第二十六条　开会时一切庶务，庶务主任商同主席办理。

第二十七条　关于本会会计之事，庶务主任掌之。庶务主任应于每年闭会后一个月以内，将本届全会期一切收支出入款目详列清册，先行报告各省谘议局，俟次年开会时仍应交由主席报告之。通信部一切用费由庶务主任拨给，并入庶务部报告之。

第二十八条　凡本会之文件，由通信主任保存，但关于会计册籍及置备之物件，庶务主任保存之。

第二十九条　临时办事处办事规则别定之。

第四章　各省谘议局

第三十条　各省谘议局遣派议员到会时，应由各本局出具委任函电，以为代表各该本局之据。

第三十一条　各省谘议局应按照第十九条、第二十条所定豫备议案，如期缴集主任谘议局及如期派员到会会议。但有临时欲提出议案者，虽未经先期缴集，仍得由其遣派之议员提出之。

第三十二条　各省谘议局有因不得已事故不及派员到会者，得将提议之事件寄交主任谘议局，汇列于本届议案中，开会时提出之。

第五章　经费

第三十三条　本会经费各省谘议局分任之，但到会议员之旅费由各该本局自备。

第三十四条　前条分任之额以闭会结算后平均分配为准，但主任谘议局应预拟额数，通告各省谘议局，以便先期缴集备用。

第六章　附条

第三十五条　本章程以本会成立时正式议决为实行期。

第三十六条　本章程所有未尽事宜，于开会时议决修改之。

《直省谘议局议员联合会报告书》，京师京华印书局 1910 年铅印本，第 1～3 页

三、直省谘议局联合会议事规则

第一条　本规则依联合会章程第十七条之规定，所有会议一切事宜，与会各员均应遵守之。

第二条　本会开会时以午后一点钟至五点钟为率，但因事件之繁简得临时伸缩之。

第三条　本会开会会员定数，须达现在会场所在地之会员过半数以上。

第四条　开会日用抽签法定会议各员之议席。议席抽签定后，续到之会员以原定各议席之次为其议席；续到者有数人

时，于原定各议席外，以其次数掣签定之。

第五条　开会日用无记名投票法，就到会会员中分次选举正、副主席各一人，以得票【多】者为当选。

第六条　正、副主席选定后，续选审查员九人，用无记名连记投票法，以得票多者当选。审查员互选审查长一人。

审查规则由审查员自定之。

第七条　本会议案分为三种：第一，联合会共同提出之议案，第二，各省谘议局提出之议案，第三，到会会员临时提出之议案。

第八条　联合会共同提出之议案，由主席拟定议题，于开会日宣告，得到会议员三分之二之赞成，即定为议题。会员赞成之表示，依会议议决之方法行之。

第九条　联合会共同提出之议案，俟决定议题后，由到会会员公推起草员，每一议题起草员不得过二人以上。前项议案起草员亦得由会员自行担任，但须经到会会员多数之承认，其员数仍从前项制限。

第十条　联合会共同提出之议案，除起草员外，各会员对于各该议题如有意见，得以书面述送于各该起草员。

第十一条　议案起草员脱稿后，誊具正本送交主席，由主席交办事处油印，分配各会员。起草员提出草案正本，自担任起草之日起，至多不得过五日。

第十二条　各省谘议局提出之议案，及到会会员临时提出之议案，除油印分配各会员外，应由主席分交各审查员审查之。

第十三条　审查员审查各省谘议局议案，应作成报告书送交主席，由主席交办事处油印，分配各会员。审查员审查议案之报告，自交付审查之日起，每一案以三日为限，但有须特别定其期限时，得会场公决之。

第十四条　本会会议由主席先期拟定议事日表，油印通知各会员。

第十五条　本会议会场秩序，正主席整理之，正主席不能莅行职务时，副主席代之。

第十六条　本会会议，会员发言者须就演席，但陈述极简单之意见不在此限。

第十七条　会员欲就演席发言者，须起立报名。同时有二人以上报名发言时，由主席定其发言之先后。

第十八条　本会会议以到会会员过半数取决，其取决方法以起立与否分别之；可否同数，取决于主席。

第十九条　本会会议事项，遇不能以起立之方法取决时，得由主席询到会会员之意见，或经由主席宣布，用记名投票法取决，票数相同时，照前条之规定。

第二十条　本会议决各案，在本届开会期内，如到会会员三分之二以上提出异议者，得行覆议。覆议议决之方法，照前二条办理。

第二十一条　本会会议不禁旁听，但有到会会员三分之一以上之提议，经公决后，亦可禁止旁听。

第二十二条　本会议决各案，应向资政院陈请者，由各省谘议局联名陈请于资政院，其联名次第，从省分先后之惯例。

第二十三条　本会议决事件，凡属各省谘议局所共同者，由本会通知各省谘议局，应取共同一致之行动。

第二十四条　本会会议议决各事件，由本会编印记录，分发各省谘议局。

第二十五条　本会会议应遵守之禁例，一依谘议局章程各条之规定。

第二十六条　本会开会期中所有一切布置、记录各事项，由办事处掌之。

第二十七条　本规则以第一次开会议决之日为施行期，遇有不适用时，得于每年开会期中，由会员提议修改。

《直省谘议局议员联合会报告书》，京师京华印书局 1910 年铅印本，第 4～6 页

四、直省谘议局联合会临时办事处办事规则

第一条　本会依章程第二十五条，设临时办事处，由庶务主任于谘议局开会期一月内组织成立，就会场所在地方布置一切事宜。

第二条　临时办事处设置左之职员：（一）文牍科二人，（二）庶务科一人。

第三条　文牍科之职务如左：（一）收发议案，（二）起草函电，（三）保存文件，（四）其他应归文牍办理之件。

第四条　庶务科之职务如左：（一）定会议及办事之场所，（二）雇用司役，（三）管理印刷，（四）其他一切应行布置之事。

第五条　文牍、庶务各职员于本会开会期中一切职务，商承主席办理。

第六条　本会会议时，所有记载、缮写各事项，由文牍科担任。会场记录于会议之当日下午九点钟以前，得由发言会员检阅订误。

第七条　本会会计事件由庶务科担任。

第八条　文牍、庶务两科，得酌量事务之繁简聘用人员。

第九条　本规则未尽事宜，照本会章程及其他规则办理。

《直省谘议局议员联合会报告书》，京师京华印书局1910年铅印本，第7页

五、直省谘议局议员联合会会员表

姓名	字号	籍贯	职业
阎凤阁	瑞庭	直隶	谘议局议长
王振垚	古愚	同上	谘议局副议长
谷芝瑞	霭堂	同上	同上
张凤瑞	祝昇	同上	谘议局议员
于邦华	泽远	同上	资政院议员
陈树楷	绶珊	同上	同上
孙洪伊	伯兰	同上	谘议局议员
高俊浵	静涛	同上	同上
王法勤	励斋	同上	同上
孟　森	莼孙	江苏	谘议局书记长
杨廷栋	翼之	同上	资政院议员

续表

姓名	字号	籍贯	职业
雷　奋	继兴	江苏	资政院议员
孟昭常	庸生	同上	同上
方　还	惟一	同上	同上
高炳麟	文伯	安徽	谘议局议员
汪龙光	勉斋	江西	资政院议员
沈钧儒	恒山	浙江	谘议局议员
刘崇佑	崧生	福建	谘议局副议长
椿　安	筱庵	同上	谘议局议员
康　诚	步涯	同上	资政院议员
陈寿崇	祝尧	广东	谘议局议员
吴赐龄	荫久	广西	资政院议员
蒙　经	民伟	同上	谘议局议员
朱景辉	右强	同上	同上
古济勋	仿之	同上	同上
张光炜	莲仙	贵州	同上
张之霖	泽生	云南	资政院议员
蒲殿俊	伯英	四川	谘议局议长
李文熙	缉庵	同上	资政院议员
郭策勋	静存	同上	同上
张　政	子忠	同上	同上
高凌霄	石芝	同上	同上
左学谦	益斋	湖南	谘议局议员
曹作弼	槐生	同上	同上
罗　杰	峙云	同上	资政院议员

续表

姓名	字号	籍贯	职业
席　绶	资生	湖南	资政院议员
汤化龙	季五	湖北	谘议局议长
张国溶	海若	同上	谘议局副议长
陈登山	芷皋	同上	谘议局议员
胡　坪	荷汀	陕西	同上
梁善济	伯祥	山西	谘议局议长
李　素	位斋	同上	资政院议员
王佩箴	敬铭	河南	谘议局议员
杨治清	靖侯	同上	同上
朱承恩	紫庭	山东	同上
周树标	健龙	同上	同上
蒋鸿斌	均儒	同上	资政院议员
孙百斛	鼎臣	奉天	谘议局副议长
福　裕	海楼	吉林	谘议局议员
战殿臣	邻乡	黑龙江	同上

《直省谘议局议员联合会报告书》，京师京华印书局1910年铅印本，第8～10页

六、直省谘议局议员联合会正副主席及审查长审查员表

正主席	汤化龙
副主席	蒲殿俊

续表

审查长	孟森
审查员	孙洪伊
审查员	王法勤
审查员	周树标
审查员	刘崇佑
审查员	吴锡【赐】龄
审查员	汪龙光
审查员	杨廷栋
审查员	雷奋

《直省谘议局议员联合会报告书》，京师京华印书局1910年铅印本，第11页

七、直省谘议局议员联合会办事处职员表

任务	姓名	字号	籍贯
庶务主任谘议局派遣员	张凤瑞	祝昇	直隶
	高俊浵	静涛	同上
文牍科员	孙焕纶	药痴	同上
	靳鸿辞	霞邨	同上
庶务科员	陈鸿翔	羽丰	同上
书记员	陈　善	绍槃	江苏
	孙希宪	小亭	直隶

《直省谘议局议员联合会报告书》，京师京华印书局1910年铅印本，第12页

八、直省谘议局议员联合会议案汇表

案由	提出者	交出本会日期	本会交议日期	议决结果
豫计地方自治经费厘定地方税界限应请开国会提议案	江苏谘议局	七月初二日	七月初十日	通告各省照办
变盐法提议案	江苏谘议局	同上	同上	与川案合并，由原提议省份合并起草
议订全国盐法提议案	四川谘议局	同上	同上	同上
照约速订裁厘加税提议案	江苏谘议局	同上	同上	由本会陈请资政院
停止学堂奖励提议案	山西谘议局	十一日	十三日	归并福建案
全国禁烟提议案	同上	同上	同上	合并他案另行起草
请停止统税实行禁烟提议案	同上	同上	同上	同上

续表

案由	提出者	交出本会日期	本会交议日期	议决结果
请变通谘议局章程提议案	十一日	十一日	十三日	合并他案另行起草
变通谘议局章程更正官定解释提议案	河南谘议局	六月二十九日	同上	同上
谘议局章程应行解释条件提议案	奉天谘议局	七月初五日	同上	同上
划清地方自治经费界限提议案	同上	同上	同上	由该省谘议局自提
税法改革提议案	安徽谘议局	初八日	十六日	由本会通知各省
改定官制提议案	同上	同上	同上	并入本会案
修改度支部酌加试办税契章程提议案	同上	同上	同上	由各省谘议局提议
盐法改良提议案	同上	同上	同上	合并他案

续表

案由	提出者	交出本会日期	本会交议日期	议决结果
新币制办法改正提议案	安徽谘议局	初八日	十六日	缓议
请停止学堂奖励明定学位以正教育宗旨提议案	福建谘议局	十二日	同上	由本会陈请资政院
请速开国会提议案	本会委任起草员张国溶	十五日	十八日	同上
请速订官制提前施行提议案	本会委任起草员孟昭常、杨廷栋	同上	同上	同上
请开国会公呈	安徽谘议局	初八日	同上	缴还原提议局
请按新币制速定丁漕画一征收方法提议案	同上	初八日	初八日	缓议
谘议局章程变通诠释提议案	会员高炳麟	十二日	同上	合并他案
请变通谘议局章程提议案	会员张光炜	同上	同上	同上

续表

案由	提出者	交出本会日期	本会交议日期	议决结果
陈请修改结社集会律提议案	本会委任起草员汤化龙	二十日	二十一日	由本会陈请资政院
请准各州县丁漕实征实解并划定州县公费提议案	江西谘议局	十八日	同上	缓议
请设租税整理局整理租税提议案	同上	同上	同上	同上
谘议局豫算议决权提议案	同上	同上	同上	合并他案
直省衙门局所卷宗应请登报公布提议案	会员王龙光	十四日	同上	缓议
陈请解决谘议局办理困难情形提议案	本会委任起草员刘崇佑、汤化龙	二十三日	二十四日	由本会陈请资政院

续表

案由	提出者	交出本会日期	本会交议日期	议决结果
五省协商疏江案	湖北谘议局	初八日	二十四日	由本会通告关系五省协商
划定中央地方权限提议案	山东谘议局	二十日	同上	缓议
陈请建议官定公布法令条例提议案	本会委任起草员孟昭常、张国溶	二十四日	二十七日	由本会陈请资政院
请删改资政院章程第二十三条第二项建议案	会员沈钧儒	二十一日	同上	缓议
商办铁路非经国会协赞后不得收为官有议案	同上	二十二日	同上	由本会陈请资政院
对于城乡地方自治经费附捐提议案	同上	同上	同上	通告各省谘议局

续表

案由	提出者	交出本会日期	本会交议日期	议决结果
请申明资政院立法范围提议案	本会委任起草员张国溶	二十四日	二十八日	由本会陈请资政院
请组织责任内阁提议案	本会委任起草员雷奋	二十五日	同上	合并官制案
请宪政编查馆根据章程确定权限解释提议案	本会委任起草员蒲殿俊	二十五日	同上	由本会陈请资政院
陈请更正谘议局文书体式提议案	本会委任起草员沈钧儒	二十六日	同上	同上
谘议局章程应行增删修改提议案	会员王振垚	二十四日	同上	可决
官吏久住提议案	山东谘议局	二十日	同上	缓议
各省商办铁路公举检查员提议案	同上	同上	同上	同上

续表

案由	提出者	交出本会日期	本会交议日期	议决结果
盐务改良提议案	山东谘议局	二十日	二十八日	因与前决案宗旨冲突未议
速定中葡界务提议案	会员陈寿崇	同上	同上	仍归原省确实调查
各省谘议局一律办理要件通告书各省法令公布规则附	本会委任起草员刘崇佑	同上	同上	通告各省谘议局
不开国会不纳新租税通告书	本会起草	同上	同上	同上

《直省谘议局议员联合会报告书》，京师京华印书局1910年铅印本，第13～14页

九、直省谘议局议员联合会审查报告

七月十二日上午开审查会，审查议案四件，内有两件应并为一件者，共成报告三条，呈请大会公决。

一件　豫计地方自治经费厘定地方税界限应请开国会案

查原案因自治章程而筹及经费，因经费而筹及税法，而以速开国会为根本的解决。以通州一处例全国一千七百余州县，

以地方自治一项例其他筹备各事，其言深切著明，可为各省筹备宪政之标准。本审查会以为厘定〈订〉自治根源之税法，非经国会协赞不可，此不过要求速开国会理由之一，似不能独立成一议题。拟由联合会将全案通告各省谘议局，依此标准实地调查，以为将来商榷国家税、地方税章程之据。至于地方自治费，应与国家行政费统筹并计，且地方税以国家税为比例，不宜先订地方税章程，而后订国家税章程。此为另一问题，应否另提议案，统候公决。

一件　照约速定裁厘加税案

原案由审查员同意赞成，拟请大会公决。

一件　改订盐法案

查本案为四川、江苏分别提出，察其所列大纲，俱主张就场征税，破除引地，此为今日改订盐法之主要办法。此项议题自应认为成立，惟两案稍有异同，类属事实问题。如江苏议案以设厂聚制为实行就场征税之方法，四川议案却未提及是否可援照办理，抑另有他说。其余收税、定价、缉私、裁官等问题，两案所言亦有详略之分，似宜斟酌划一，合为一案，再用各省谘议局名义陈请于资政院。今原案既由四川、江苏同时提出，其于事实上研究必较审查员为多，应否即交原提案省分会员商明将两案并合之处，统候公决。

七月十五日审查会，审查各件报告如左：

一件　停止学堂奖励两案

用福建案为本，添入余意一条，言除学堂奖励之外，所有考试、保举、报效等倖门，俟文官考试章程本年颁布后，即一律停止，以维停止奖励之实力。

一件　禁烟两案

推梁君善济、刘君崇佑重行合并起草，再行提出。

一件　关于谘议局章程解释及改正共八案

凡关改正者毋庸提议，凡关解释者并入汤、刘两君起草之案，参照去取。其大意即关改正者，亦视能入解释范围，由起草员采入。万不能入解释范围，必须以改正论者，不复采取。

一件　盐法之案

皖案决定俟户口清查以后再议，现图急救之法，仍由蜀、苏两省起草员会为同一之办法，将两案合并修正，再行提出。

十八日审查会已审查者三件，报告如左：

一件　本会主张

现在正催促速定官制、不代拟官制中条件，本案一项应供本会起草员之恭照二、三两项所指应注意之各点，既不代拟条件，即不能从此次会期内发生效力，应俟政府官制案发表时，本会如有反对之意见，再将此案参考。

一件　盐法改良案

前已并他省同类之案审查，业经报告。

一件　税法改革案

前一条所开办法，甲项非税法之关系，乃议员不认多担义务之关系，议会向人民自负责任，似毋庸列入改革事项。乙项正定征收期日，似与征收之轻重及征收法之良窳关系尚浅，亦不能遽以改革论。丙项由乙项递嬗而生，无从提出另决。丁项原案已称有待而后有入手之方法，似本非今日所议及。又后一条裁厘案已经提案议决。

二十日上午审查会，审查各件报告如左：

一件　厘定币制案

本会以为，币制至今日不能不定，然紊乱在前，又乏金融之实力，一切危险皆在意中，无万全之法，可以逸胜于部定之则例。各省人民惟有视其可以辅助之处随时辅助，应加监督之处随时监督，共冒危险，以冀划一币制有实行之期。拟毋庸于部定则例之外，提出另有主张之议案。

一件　速定官制案

本会以为此案议题应添“提前实行”四字，即理由书中亦应添第三层理由等，说明提前实行之故。又其办法四条，本会以为第一条末句“恭候钦定施行”六字毋庸列入条文。第二、第三条为政府内部之周折，在议会毋庸承认，均当节去。其下应增一条，京外官制如何，各定实行期限，即为完备。

二十二日审查会，审查事件报告如左：

一件　对于契税章程之提议案

第一，对于部章第十条之办法甲条，据浙江成案，并与新币制合符，经浙抚奏定确可依据，宜请大会公决，作为议案。乙条、丙条标准不定，宜取币制则例为标准，以本年四月十六日库平价值折合银圆或制钱，以定契载之价，再以每两库平收契税若干，则用浙江成案为标准，亦与新币制本来相合。

第二，对于部章第二条之办法典税一层，上年各省谘议局本多绝对不认者，现如仍主张前议，则理由甚长，终可坚执，似毋庸自出草率办法。若于争执未定之际，似可参照江苏行政长官答覆文，将典产分典与押为二，不过户者为押，毋庸纳税；过户者为典，乃在应税之列，以此暂资仿行。至绝对不认典税，自为改正中央法律之另一问题，似不必入本案提议。

第三，对于部章第十三条之办法，契税之中央、行省及地方为三级分配。现在国家税、地方税之分别，方待国家制定，契税一项之性质究属国家，或属地方，将来必有明文。以意为之分配，是否于制定税法之分例相合，似当缓议。本年豫算止及地方行政经费之岁出，而不及其岁入，则款之所从来，原可不问。必予分配，实于行省及地方均无实利。应俟颁布地方税章程时，再取本案此条参照，决其应否提议。

七月二十六日为报告事。二十五日准办事处通知，审查长孟君森请假返苏，所有审查未经完竣各案，亟应就研究会中公同审查，以期迅速等语。兹出到会会员公同审查，具述意见，分案条举，是否有当，敬候公决。

一件　陈请资政院提议请开国会案

本案本会极为赞成，拟请如原议提出。

一件　陈请修改结社集会律案

本案本会极为赞成，拟请如原议提出。

一件　直省衙门局所卷宗应请登报公布案

本案为调查困难，须将各衙门局所卷宗择要公布，用意甚善。惟各省行政署局卷宗浩繁，每一事沿革起讫，循环无端，概行登报，事实难行；摘尤登录，亦苦无可着手。若为议员调查计，本会已有请由局派员亲往调抄卷宗之陈请，如得解决，即无此窒碍。此后法令公布，本会亦经令具议案，本案似毋庸由本会提出。

一件　请设租税整理局整理租税案

本案整理租税，诚为今日紧要之举，惟国会未开，无监督政府之机关，求其设局整理租税，未受其利，必先受其害。度支部之清理财政处横制各省以自肥，盖可见矣。本案拟请暂不提出。

一件　请准各州县丁漕实征实解并划定州县公费案

查丁漕实征实解，俟币制颁行后，自必然之势。至定州县公费一节，各省业已奏办者不少，惟其所定数目是否正当，只好俟本年豫算案交出后再行提议，刻下不必在本会提出。

一件　请按新币制速定丁漕划一征收方法案

本案因新币制尚未施行，暂以旧龙元折合完纳。丁漕谋征收划一，用意甚善，惟各省偏僻州县多不行使洋元，断难一律办理。应由各本省相度情势，照章自行提议，似毋庸在本会提出。

一件　谘议局豫算议决权提议案

本案以本省全体豫算均归谘议局议决，自系为扩充范围起见，惟中国行省尚有国家行政一部分，谘议局所得议决者仍应以地方行政为准。但今年度支部豫算册式所定范围太小，理宜切实讨议。现行提出此案者尚有各起，应俟合并议决。

一件　划(请)【清】地方自治经费界限案

本案应由各省谘议局各酌本省情形分别提议，似毋庸在本会提出。

一件　谘议局章程变通诠释案　（高君炳麟提出）

一件　请变通谘议局章程案　　（张君光炜提出）

右两案本会已另提议，大致率以采入，其余细目应请自提出于本省谘议局，业经会场报告，毋庸在本会提议。

一件　五省疏江案

本案为长江五省共同利害问题，五省协力同办，本会无不赞成。惟应如何办法，应由五省谘议局自行协商定夺，似毋庸由本会提出。

一件　请开国会公呈

此件业经安徽谘议局特派员高君炳麟报告，系由谘议局呈出于皖抚送供本会参考者，应毋庸审查，合行缴还。

《直省谘议局议员联合会报告书》，京师京华印书局1910年铅印本，第15～19页

十、直省谘议局议员联合会第一届记事录

联合会第一届第一次会员记事录

七月初八日，直省谘议局议员联合会第一次会议，到会会员二十七人。

一钟开会。

杨君廷栋言："须章程通过，方能定主席，今章程尚未通过，仍应推一假定主席。此各章程系汤君化龙起草及修改，可否推为临时主席。"

全体起立赞成。

汤君化龙就席宣布章程，言本章程加入资政院议员为会员，系公同讨论加入者，其余各条，大概与原案无甚出入。

遂逐条(选)【宣】读。

第一章第一条至第八条均通过。

第九条

阎君凤阁言："公推一二省主任，恐难担任。"

刘君崇佑言："此事久后诚不免有变迁，但可以前一年推定，自无妨碍。去岁主张会设北京，实仰望直隶谘议局。"

此条遂通过。

第十条通过。

阎君凤阁言："一致之行动甚难实行，恐各省无关系之议案，未便均由直局代呈。"

刘君言："联合会之宗旨即取一致之行动，此句不可去。"

刘君又言："第八条第一项自然可以一致，第二项可以分别性质，事实上可以酌量。又问：此会单为资政院提案否？"

主席言："资政院议案由联合会议决后，应提出资政院者，由本会直接陈请；其由各省自办者，则通告各省。"

阎君凤阁言："联合会能否迳呈议案到资政院？"

刘君崇佑言："此则不能行，仍须用谘议局联名，联合会不过取大众同意，较有势力耳。"

张君凤瑞言："关于一致行动句，甚有滞碍，宜加入关于一二省之利害者不在此例。"

杨君廷栋言："关于一致行动句，须看得圆活，有以同作事为一致者，有以同不作事为一致者，若加入例外字样，便与

第八条第一(次)【款】冲突。”

阎君凤阁言：“一致之义，如照广义，得许自由则可；倘照狭义，或其势不能一致，反致有背章程。”

杨君廷栋言：“此事可待开议后，能一致行动则议决，不能一致行动，自可否决，此时毋庸过虑。”

主席言：“不能取一致行动，似毋庸开联合会。至于能否一致，会议时自可酌量。”

阎君凤阁言：“不一致不合联合会宗旨，一致则难保无利害相反之发生。”

杨君廷栋言：“可于一致行动下，加已决案取一致行动，未决案须共同酌量，不能一致者可不赞成。”

刘君崇佑言：“一致者，不反对之意，非必皆要实行也。”

吴君赐龄言：“一致行动绝对不能反对，此后一切事必少数服从多数。如关于二省以上利害之事，他省赞成者如居多数，则少数之省份自应从众。”

李君文熙言：“今日讨论章程乃法律上事，非事实上事，如诸君于章程无疑义，即可表决。”

主席言：“可将第九条与第十条变更位次，不用更改原章。赞成者请起立。”

起立者十七人。

第二章第十一条，十省以上不及半数，改为十二省以上，遂通过。

张君凤瑞言：“六月天气太热，可否提前开会。”

刘君崇佑言：“六月之期诚为不善，然事实上非到六月不及集会，是则无可如何。”

阎君凤阁言：“可否推至七月？”

蒲君殿俊言：“贵州、四川等远省不能赶回本省开通常会，恐不能迟。”

此条通过。

第十二、十三两条通过。

第十四条

阎君凤阁言：“速记录无甚关系，可不必要。”

刘君崇佑言：“速记录可不公布，然不可不有。”

主席言：“速记录可否以‘记录’二字浑括？”

多数赞成，乃通过。

第十五条通过。

刘君崇佑言：“不宜从省份，以从人数为合。”

众赞成。

第三章第十八条通过。

第十九条通信部改为通信主任。

第二十条

张君光炜言：“按期寄齐，四月初十日以前贵州不能办到。”

杨君廷栋言：“此言甚是。可于第二十条下加第二项，凡路程较远之省分，通信期限不在前三条范围之内，仍以不误开会日期为准。”

第二十一条至第二十五条均通过。

第二十六条改“开会时一切庶务，由庶务主任商承主席办理”。

第二十七条开会之“开”字误，改“闭”字。二十八条“事”字改“时”字。二十九条、三十条均通过。

第四章第三十、三十一条均通过。

第三十二条删去“路远或其他”五字。

第五章第三十四、三十五两条通过。

张君光炜言：“会费无一定，省分有肥瘠，此事亦须讨论。”

刘君崇佑言：“此会用费有数，似未便分多寡。”

第三十四条通过。

第六章第三十五、三十六两条均通过。

刘君崇佑言：“时间可贵，议事细则及办事规则，请举各章大意报告可也。”

主席报告议事规则第一条至第十五条。

通过。

刘君崇佑言：“会场发言时须先报告主席，又不得同时发言。”

汤君言：“会员发言时，须先称名报告主席，如两人欲同时发言，由主席指定先后。赞成者请起立。”

起立者二十人。

第十六条至第二十条均通过。

第二十一条

张君凤瑞言：“现时应取大同主意，请划除省份之惯例。”

刘君崇佑言：“仍以照惯例为便。”

张君凤瑞言："联名注重领衔，似首名担负较重。"

刘君崇佑言："此可无虑。各省谘议局议员所上资政院议案，与向来官署呈禀不同，资政院如不以为然，不过否决而已，此事不成问题。"

张君凤瑞言："事事皆推直省领衔，行政官目光即注于直省，可否改为某省关系，即由某省领衔。"

杨君廷栋言："一省所不愿之事，而多数省分公同议决，强不愿者担任之，力行之，诚无此理。然此可不虑。凡提议案如为某省之所注重，资政院询及，可以仍函问该原议之省分如何对答，亦可迳向资政院就近说明。"

阎君凤阁言："将来呈资政院议案，应否用直省谘议局关防？"

杨君廷栋言："本会议案仍归原省实行，无须用直省谘议局关防。倘有全国关系之事，我国惯例，自以居首者领衔钤印。"

汪君龙光言："如其事直省或有难以领衔之处，可由各省分别由本局为一致之进行。"

刘君崇佑言："可于条文加'亦得临时推定'六字，但直省须允假用关防。"

主席即请加入"亦得临时推定"六字，此条遂通过。

第二十二、二十三、二十四条均通过。

第二十五、二十六两条通过。

汪君龙光言："倘章程、规则通过后，或有提出意见者，能否加入？"

蒲君殿俊言：“今日已通过，如后有意见，可作为随时修改。”

主席宣布办事规则，第一条漏“前”字，应补入。

第二至第五条均通过。

张君光炜言：“第六条会场记录于当日下午九句钟以前检阅订误，恐不及。”

刘君崇佑言：“不宜太迟，仍以原订为是。”

遂通过。

第七、八、九三条均通过。

全体会员提议投票公举正副主席及审查员。

第一次用无记名单记法先举主席。

先举正主席，二十七人投票。

汤化龙十九票，杨廷栋三票，蒲殿俊三票，孙洪伊二票，共二十七票。汤君化龙当选。

次举副主席，二十七人投票。

蒲殿俊十一票，杨廷栋六票，刘崇佑六票，孙洪伊四票，共二十七票。蒲君殿俊当选。

次举审查员九人，二十七人投票。

孙洪伊二十五票，杨廷栋二十二票，刘崇佑二十票，雷奋十七票，周树标十六票，汪龙光十一票，吴赐龄十票，孟森十票，王法勤十票。以上九人均当选。

正主席发言：“明日休会一天，准于初十日午后一句钟，仍到石桥别业开会。”

主席又言：“本会各会员务于每日辰九句钟到办事处，公同研究议案。”

六钟半摇铃散会。

旁听人、贵州教育会国会请愿代表蔡君岳于闭会后，向会员力陈此次联合会不宜注重法律，一方面遇事研究宜单注重政治；一方面务求此会成为吾国统系机关，而植民党之基础。辞气激昂，阖座鼓掌。

刘君崇佑起立，述本会宗旨答之。语毕，乃一律退场。

《直省谘议局议员联合会报告书》，京师京华印书局 1910 年铅印本，第 20～25 页

联合会第一届第二次会员记事录

七月初十日，第二次会议，到会会员三十二人。

一时三十五分，主席摇铃开会。

主席选读本日议事日表：

第一，签定议席。

第二，主席宣言。

第三，报告到会会员省份及人数。

第四，报告各省谘议局委任会员函电。

第五，报告本会应提议案议题。

第六，定起草员。

第七，豫计地方自治经费、厘定地方税界限、应请开国会提议案(江苏谘议局提出)。

第八，变盐法提议案(江苏谘议局提出)。

第九，改定全国盐法提议案(四川谘议局提出)。

第十，照约速定裁厘加税提议案（江苏谘议局提出）。

抽签定议员座次。

主席宣言："直省谘议局议员联合会肇端于去冬十一月，而成立于今夏七月，其中经过之历史，同人率躬亲其事者，无待赘述。今所欲言者，则联合会所以发生之原因，及其性质、地位与其宗旨而已。

自各省谘议局成立，我国民乃得运用其参与政治之能力，同时即发生一不能尽发挥其政治能力之大憾。盖我国家无统系之政治久矣，政府持矛盾之政策，各省自为风气，淆乱错杂，不可纪极。谘议局议决事件限于本省，而本省之应兴应革者，率属于政治问题，动辄牵及于全国，少亦及于数省以上。谘议局之议案而及于全国，或及于数省以上，即有逾越权限之嫌。虽各就本省之一隅而筹之，以其事之互相关联，督抚无可得而施行。即一省行之，必不能必各省之一致，其卒亦决归于无效。故谘议局开局已及一年，而各省中之能解决政治问题者无一焉。以谘议局不能解决政治问题，必求得一解决政治问题之机关，而国会未开，此解决政治问题之机关国家既靳予我民，乃不能不自相结合，自相讨究，以为解决政治问题之总汇。此谘议局联合会发生之第一因也。

钦定谘议局章程大端本极完善，其权限范围本以本省为其范围。本省范围之解释，除督抚奉行中央之法律外，凡属督抚之自动者，为督抚权力之所动，即为谘议局权限之所及，标准本至明也。自宪政馆慑于仇视谘议局者之多口，乃不惜背钦定之章而下无理之解释，每一解释出，去原章之意愈远，而谘议局之权限乃愈削；削之愈甚，谘议局之地位益不确实，其议决者全无政治上之效用，浸与旧日官立局所之坐糜廪食、毫不事事者无以别。此以命令变更法律之结果。缚之使然，徒口争之而无如何，则必别出其途以发挥我士夫政治上之能力。此谘议局议员联合会发起之第二因也。

谘议局议员联合会随国会请愿而并发，国会请愿有常设机关，谘议局联合会乃不设常任之机关者，国会请愿为对于政府之要求，谘议局联合会为各省议员之自由结合。对于政府之要求，非达其要求之目的，应有不能解散之团体；议员之自由结合，抱同一之目的，其结合纯可以自主，但有常年结合之定期，其实力之进行则在各自运用其谘议局之能力，原不必立一赘瘤之常设机关。此本会所以离国会请愿代表团而独立为政论之集会，不为政论之结社。会章第六条所谓本会以开会之日为成立，闭会之日为终止者，正以表明其为集会之性质，非结社之性质也。

各省谘议局为法定机关，立于法定地位，谘议局联合会为议员之自由结合，其地位即非法定之地位。以理论之，法定地位，其效力必强；非法定地位，其效力必较弱。然以今日无法治之中国，语其现势，立于法定地位之团体，其效力必不能优于非法定地位之团体。盖所谓法定者，谓其权限范围皆有法律之规定，而一机关之权限运用，必与围绕于四旁之机关相关联。围绕于四旁之机关皆凌乱无纪，以一法定机关参与其中，势且为围绕于四旁之机关牵掣而不能动，虽以法定之故，不能推倒，使即归于消灭，其去消灭也，盖亦无几。谘议局成立以后，开会议决之案，一入行政长官之手，可以束高阁而不顾，处谘议局者，虽秃笔焦舌以争之，终不能不有无可如何之叹，其效力盖可睹也。联合会之地位虽不在法定之数，而为法律所认许之政论集会，其地位正不患其不固。以现时政治之败坏，政府东涂西抹，盖如盲瞽之待相。联合会聚各省之议员，为共同之研究，其所讨论者，非各省谘议局共同之利害，即为全国政治之问题。以共同利害研究所得，归而整理谘议局之内部；以全国政治之大问题，上之于资政院，以达于我政府。得请于资政院，即可以收间接扶掖政府之实益；不得于资政院，亦可以共同一致之实力，扶掖谘议局之进行。所谓进退必得一当，绰然有自由行动之余地，断未有行之而无效者也。

由斯以谈，联合会之宗旨，盖不外求巩固各省谘议局之地位，成有统系之政治团体。其起因之所在，即其宗旨之所寄。与斯会者，破除省界，交换智识，并志一力，以谋全国政治之发展，而务充各本省谘议局之实力，中国前途实系于此。彼东西各国之大政党，恒以其势力左右全国，今虽不能遽至，亦未尝不可以为之造端。学山至山，学海至海，斯本会同人所当共勉者也。"

主席宣布各省会员莅会人数及省份，计已到十九省会员三十六人。随宣言浙江已有电至，大约委任之员不久可到。

又宣布办事处已经接到各省委任莅会会员函电共二十省。

汪君龙光起言："该省(江西)有电来，惟未曾带到。"

主席言："今日本会议提四案，请大家讨论可否作为议案。第一，请速开国会案(众拍手)。第二，请组织责任内阁案。第三，请速定官制提前施行案。第四，谘议局章程解释疑(议)【义】解决案。”

刘君崇佑言：“请开国会应无不赞成，请主席令公众表决，然后推起草员。”

张君国溶言：“速开国会为二十二省共同之行动，当第二次奉旨后，湖北议有三种办法：第一，亟进请愿；第二，由谘议局呈请督抚代奏；第三，由各厅州县组织请愿同志会呈请代奏。本会为二十二省所联合，自应首先提出。”

主席请公众起立表决。全体起立。

主席请张君国(镕)【溶】担任起草员。(众拍手)

主席言：“责任内阁与请开国会本属一事，但既作两案，仍须另推一起草员。”

刘君崇佑言：“此案应否由谘议局议员联名请资政院上奏?”

主席言：“资政院瞬即开院，自应有此一请。”

汪君龙光言：“责任内阁，政府讳言，我等又不言，何贵有此一会，请与国会一并请愿。”

张君光炜起言：“赞成汪说。”

蒲君殿俊言：“责任内阁较国会尤为当务之急，同人早经讨论，请即决定进行请愿。”

主席请表决。起立者三十一人。

起草员推雷君奋。(众拍手)

雷君奋起言：“委任不敢辞，惟入手办法，应请讨论，或请资政院议员提议，或由谘议局提议，办法决定，方可起草。”

主席言：“此两法自应讨论。”

梁君善济言：“宜由谘议局提议。”

张君凤瑞言：“此案既经公众赞成，可请双方并用，一面由谘议局提议，一面请资政院提议。”

张君国(镕)【溶】言：“对于资政院提议较为确实。”

汪君龙光言：“联合会名义似不可用。据鄙见有三个办法：第一，各省谘议局合请；第二，请资政院议员提出；第三，由各省分请。而鄙见尤以第三说为宜。”

主席言：“据诸君所言，则可分为三种：第一，交由谘议局选出资政院议员提议；第二，由各谘议局提议陈请资政院；第三，直省谘议局合请于资政院。”

雷君奋言：“三层均不必(题)【提】，只有一个办法。我等既开一联合会，必取全体之名(议)【义】，似不必问资政院与本局照办与否，我联合会总以一致进行为是。”

主席言：“雷君言甚是，大家如赞成，请起立表决。”

起立者三十一人。

主席言：“速定官制提前施行议案赞成者请起立。”

全体起立。

主席言：“此案繁难，拟推孟君昭常、杨君廷栋为起草员。”(众拍手)

杨君廷栋言：“现颁之行政纲目，据鄙人看，缺点甚多。本会此次提议，是否即请其从速厘定，颁布施行，抑或于其纲目有所质问，请公众讨论，再行起草。”

主席言：“此事须详加研究，恐非当场所能决。”

主席言：“谘议局章程解释应否作为议题?”

众皆起立表决，起草员推刘君崇佑。(众鼓掌)

刘君崇佑起言：“请加入汤君化龙。”(众拍掌)

刘君崇佑言：“此案以解释疑义解决为名，起草宜从解释入手，不涉于更改章程之范围。”

主席言：“刘君说是。”

张君国(镕)【溶】言：“起草员不过拟稿，至于若何定议，似必须全体共同研究，方得正当理由。”

主席言：“前次开会曾声明，请诸君每日上午九钟到魁和参局，赴议案研究会，即取公同讨论之义，至起草员不过请一人秉笔而已。”

张君国(镕)【溶】言：“议案有须先行研究，得多数同意，然后起草者，请注意。”

刘君言：“诸君如有意见，务望向起草人一谈，或约定某日研究某事，非万不得已，总宜到场。”

雷君奋言：“各省提出议案，经本会议决，是否直省共同办理，抑听各议局分办?”

汪君龙光言：“二十二省同办一事，必推直省为首，窃不谓然，不如分办为是。如必合办，是侵夺谘议局之权限而成一总谘议局矣，何如分办之殊途同归也。”

张君国(镕)【溶】言：“联合会发生有两重要问题，一为各谘议局权限范围所不能议者；一为融合各省畛域之见。汪君言骤观似觉有理，然敢断其必无何等效力。”

主席言：“此乃会章问题，修改会章今日尚说不到。”

又言："今日推定起草员四案交出后，是否须交审查?"

刘君崇佑言："宜交审查，如会场讨论众无异议者，即可不交。"

主席言："凡议案交审查，以为然者请起立。"

全体起立。

主席报告江苏谘议局提出之预计地方自治经费，厘定地方税界限应请开国会案，变盐法议案，四川谘议局提出之厘定全国盐法案，江苏谘议局提出之照约速定裁厘加税案。

杨君廷栋起，述江苏谘议局提议预计地方自治经费，厘定地方税界限应请速开国会案之意见及理由，大旨如议案中语。

又言："此案交联合会者，江苏颇希望各省均照江苏通州办法，各核定一出入豫算表，上之政府，使政府无所藉口。"

主席言："开会之日务望如期必到，此事何等重大，无论如何总以到会为是，必不得已，请预先知照办事处。"

刘君崇佑言："我等系为何事，岂容无故不到会场。即万不得已，请于开会口十二钟前到主席处告假。开会时由主席报告到会人数及不到会人数，俾众周知。"(众鼓掌)

刘君崇佑又言："主席立而不坐，未免太劳，此后请设座。每于开会之际，会场如有不守规律者，请主席实行指挥，我辈断无不服从之理。"

主席约十三日午后一钟仍在原处开会。

四钟半，主席摇铃散会。

《直省谘议局议员联合会报告书》，京师京华印书局 1910 年铅印本，第 26～32 页

联合会第一届第三次会员记事录

七月十三日，联合会第三次会议，到会会员三十二人。

一时摇铃开会。

主席宣读议事日表：

“第一，豫计地方自治经费，厘订地方税界限应请开国会提议案（审查员报告）；第二，变盐法提议案（审查员报告）；第三，改订全国盐法提议案（审查员报告）；第四，照约速定裁厘加税提议案（审查员报告）；第五，停止学堂奖励提议案（山西谘议局提出）；第六，全国禁烟提议案（山西谘议局提出）；第七，请停止统税实行禁烟提议案（山西谘议局提出）；第八，请变通谘议局章程提议案（山西谘议局提出）；第九，变通谘议局章程，更正官定解释提议案（河南谘议局提出）；第十，谘议局局章程应行解释条件提议案（奉天谘议局提出）；第十一，划清地方自治经费界限提议案（奉天谘议局提出）。”

主席报告到会人数及告假人数，并报告直隶谘议局选出资政院议员于君邦华，已经本会请其到会。

主席请审查员报告审查案四件。

（一）豫计地方自治经费，厘订地方税界限应请开国会案。

雷君奋就演席言：“该案由地方自治想到自治经费，由自治经费想到地方税，由地方税想到开国会，其言深切著明，于事实上、理论上均属圆满。但本审查会以为，该案系国会问题，非地方税问题；且自治经费不过为请开国会之一条件，又系仅就通州一隅，未尝合算全国，原案应不能成立。本审查会对于该案报告者有三：第一，应与国会案并为一题；第二，由本会通知各省谘议局依此案为标准，实地调查；第三，地方税以国家税为标准，不宜先单行提议，应另立议题。”

主席言：“赞成此案不成立者，请起立。”

全体起立。

张君凤瑞起立言：“自治问题虽为请开国会之一，然目前各省自治已着手进行，其困难首在经费，本会应筹一正当办法，原案似不宜取消。”

雷君奋起立言：“报告意思并非反对原案，因自治经费不过请开国会之一，如果政府允我即开国会，则自治一层，不患无一完善办法。若不就其大者立言，先以琐屑之自治经费渎之，未免使政府有所藉口。近时内外臣工率以新政经费浩大，筹备维艰，以为其延误宪政之藉口，我辈断不再助张其焰。总之，此案之不成立，并非绝对取消一面，通告各省使依此标准实地调查，实是正当办法。”

张君凤瑞言：“此说固善，然地方自治有关宪政，仍宜统筹；且各省风气不同，一隅亦不可以例全国，究以提出研究为是。”

刘君崇佑言：“审查会因江苏此案目的在请开国会，故有合并之报告。至于自治问题，各省不同固然，此次通州所厘订者有许多条件均为各省所不可缺，就其不可缺者而损益之，似亦可以例于全国。”

张君国溶言：“此案案外之意，请另议。”

主席言：“此案不成立已经表决，至自治经费一层，应另行研究。”

（二）变盐法案。

（三）改订全国盐法案。

杨君廷栋就演席报告：“此番交付审查之盐案有二，一川一苏，其大旨均不外破除引地与就场征税两层。因痛陈中国盐法之弊，与引地之无理由，主张两案合并一起，仍由原提议省分商同起草。”

刘君崇佑言：“盐法案不只此两省，安徽尚有，当如何办法？”

梁君善济言：“此案山西亦曾提出，一因就场征税繁难不易办；二因官吏阻挠，故未能成立。”

张君国溶言：“梁君所言甚是，然第一问题欲解决，须先讲求立法，有法有人，事无不能办。至于第二层已成为普通问题，试问现在何事官吏不阻挠。愚意以为，安徽盐案俟印出时须特别讨论一次，将来不论产盐省份须参酌，即销盐省份亦须公同商酌，然后再行起草。”

高君炳麟言：“安徽无主张，亦是就场征税，因恐集股不易，故另筹一拟销办法。”

主席言：“张君国溶所主张，赞成者请起立。”

起立者三十一人。

主席言：“盐案合并起草后，应否再付审查。”

刘君崇佑言：“审查本为慎重起见，如果研究时大家意见相同，即可不必审查。”

高君炳麟言：“议案数省相同，如有已审查后尚有续到未经审查者，应如何办法。”

刘君崇佑言：“续到议案如果前者胜于后，可不必提；如后胜于前，可照本会规则，得三分之二以上之同意，再行发议。”

主席言：“以刘君之说为然者，请起立表决。”

全体起立。

（四）照约速定裁厘加税案。

孟君森就演席言：“此案，本审查会极为赞成，其利弊已不外条件中所言，无俟再述，可请大家公决。”

杨君廷栋言：“此问题以裁厘为主，加税为辅。中国现在正讲求实业，实业不能发达之故，其原因皆困于厘金，而厘金除饱于官吏、胥役之外，国家所得本无几。即以政体论，厘金实在当裁之列。政府不裁，我辈要求之固甚正当，理由亦极圆满。”

蒲君殿俊言：“杨君所论，愚见甚赞成。此案资政院亦经提议，不过彼言对外必加税方能裁厘，倒果为因耳。”

刘君崇佑言：“加税对外是外务部之事，我辈不必管。”

主席言：“裁厘加税案，裁厘为整顿内政之事，裁之即足以蒇事，无所谓办法。原案于应裁之理由甚明，案既成立，即可作为定案，毋庸开第三读会。大家如赞成，请起立。”

全体起立。

主席言：“今日因限于时刻，以下七案可否暂不讨论，径付审查。”

蒲君殿俊言：“可。”

刘君崇佑言："按章，凡有议案，均须经大家讨论，然后再付审查。今日既限于时间，可作为特别从权办法。"

刘君崇佑言："山西学堂奖励案与福建案略有同异，可一并审查。"

主席言："闽案今日始到，尚未油印。"

张君国溶【言】："关于谘议局章程案，可否并交前起草员，并稍展期限。"

蒲君殿俊言："甚好。"

刘君崇佑言："此议甚是。不过此两案不同，前皆属解释性质，此则须改章甚多，请讨论。"

杨君廷栋言："谘议局章程本无大疵，不过宪政编查馆愈解愈谬，故当共同解决。至于更改章程，非从根本上解决不可，不从根本上解决，不得轻议更张。"

主席言："此事颇繁难，请诸君明十四日早八钟到研究会议此案，十五日早八时再议盐案。"

杨君廷栋言："本会会期太促，可否请酌定时期，停止会员提出之议案。"

主席言："由本会委任起草者不能刻限停止，若由会员单独意思提出者可停止。请酌定期限，十五日停止如何？"

刘君崇佑言："鄙见请于闭会前一礼拜停止。"

汪君龙光言："限至二十日为适宜。"

杨君廷栋言："停止并非拒绝，因为凡有一议案，经过手续极繁难，故不得不尔。"

张君凤瑞言："如有意见与从前意见相同者，可于十五日前先告知，其余可用二十日期。”

主席请众表决，全体赞成。

主席言：“本会需款甚多，从前均由直省垫办，颇属拮据，请每省先交一百元，于三日送办事处。”

刘君崇佑言：“此事甚有关系，如交到后，请主席宣布。”

主席言：“本会应讨论者尚有二事：第一，闭会后各省酌留会员在京，与资政院议员接洽；第二，资政院开会时，各省谘议局派员旁听。”

刘君崇佑极力主张闭会后，各省酌留会员在京，并往资政院旁听。

杨君廷栋言：“此事可作成意见书另行提出，不必先讨论。”

主席定期十六日开第四次会议。

三时十五分摇铃散会。

《直省谘议局议员联合会报告书》，京师京华印书局1910年铅印本，第33～37页

联合会第一届第四次会员记事录

七月十六日，第四次会议，到会会员三十人。

二时摇铃开会。因天雨，会员到稍迟。

主席宣布到会人数，请假人数，及议事日表如左：

“第一，报告本会提出议题；第二，改定官制提议案（安徽谘议局提出）；第三，税法改革提议案（安徽谘议局提出）；第四，修改度支部酌加契税试办章程提议案（安徽谘议局提出）；

第五，盐法改良提议案(安徽谘议局提出)；第六，新币制办法改正案(安徽谘议局提出)；第七，请停止学堂奖励明定学位以正教育宗旨提议案(福建谘议局提出)。”

主席言：“今日议事日表，第一本会提出议题有二：一、修改集会结社律。此律最不适于政党之发生，其中如政治结社不准过一百人，政论结社不准过二百人，又学堂教员不许为社员、会员等，此均他国所无，为我所独有者。循是不改，则我国政党必无出现之日，即立宪永无收效之期。如大家以此题为然，请起立表决。”(众起立)

刘君崇佑起立言：“汤君化龙于此事最有研究，可公推为起草员。”

众赞成。

主席言：“二题是法令公布法，提议在研究会曾经公众赞成。”

刘君崇佑言：“此题是对于督抚提出，抑对于资政院提出?”

主席言：“此可请公众讨论。”

王君振垚言：“鄙人今日初行到会，于前议各案皆未了了，惟此次所言公布法，是否指各省单行章程由谘议局要求督抚办理，抑就中央对于全国而言?”

刘君崇佑言：“谘议局范围太狭，应提出于资政院。”

李君文熙言：“资政院是否为立法机关尚不能定，此可缓议。”

张君国溶言：“当初宪政编查馆初立时，奏折有云：凡有立法，一切均由该馆暂行拟定，俟资政院开院后即交付于该院。准此，则资政院为立法机关无疑。”

孟君昭常言：“此案当先由各省公议一法令公布法，呈之于资政院，再由该院提出于政府，以布告天下，较省自为政者似占优势。”

王君振垚言：“去岁各省议案多未实行，问之于督抚，则曰已札行各属；问之于各属，则茫然不知为何事。此皆由公布法未定之故。鄙意此次中央公布法固甚紧要，然目下未能猝颁，且或有不适于各省单行之用，拟关于谘议局议案中专设此一条，以为各省要求督抚办理之具。”

主席言：“孟君言系另作议案。”

梁君善济言：“孟君言甚是。”

主席言：“大家赞成此议题请起立。”

全体起立。

主席言：“应请公举起草员。”

张君国溶言：“可请孟君昭常。”

孟君昭常言：“此案起草有程度问题，可先讨论。”

主席言：“诚然，起草时须再讨论。”

孟君昭常言：“请加入张君国溶起草。”

众赞成。

主席言：“昨日审查案请审查长报告。”

孟君森就演席报告：“第一件，停止学堂奖励案。此案有二：一山西，一福建。山西所提者立议较高，恐难达目的，故本审查会拟用福建案为本，加入山西余意，似较妥协。【第】二件，禁烟两案，一全国禁烟，一停止统税。此案拟并为一题，由刘君崇佑、梁君善济起草，再行提出。三谘议局章程解释案，有八大宗旨，不外二端，一关于解释章程者，一关于改正章程者。改正章程本审查会非不赞成，不(遇)【过】枝枝节节之改正无甚关系，似不如解释之为愈，故本审查会仍主张解释疑(议)【义】，由从前起草员汤、刘二君斟酌采择。【第】四件盐法案，安徽提出者。此议须俟调查户口后方能实行，似缓而难，拟仍由蜀、苏两省会员公同起草，再行提出。”

刘君崇佑言：“本议员担任谘议局章程解释案起草员，曾声明只就解释范围主论，今又由审查长交到关于此案者甚多，则范围自当扩充。兹拟意见，以为应解决者〈省〉数条：第一，官定解释不合者；第二，官定解释不明晓者；第三，章程不完备有疑义者。请大众讨论。”

张君国溶言：“既以解释为范围，则不必牵涉改正在内。”

王君振垚言：“纯用解释系抽象的，此外编查馆致各省电，于章程不合之处甚多，应用何法消纳在内。”

主席言：“因此次所交案中关于改正者甚多，故须讨论。”

张君国溶言：“此案非谘议局能否存在之问题，乃章程是否完备之问题，可无须改正。”

主席言：“赞成不改正者请起立。”

起立者二十七人。

梁君善济言：“禁烟案蒙公推起草员，拟先将宗旨报告一次。此案部章，本系分年分省办起，全国未能划一。现在禁烟本应分两种，一土药，一洋药，然洋药之输入与否，视土药之能否禁绝为定。今年万国禁烟会曾有如中国真能提前禁绝，该会必请英政府禁止洋药输入等语，可见此事不难于对外，而难于对内。各省现在关于禁烟一事，有已经禁绝的，有尚未实行的，有仍分年递减的，参差不一，而以甘肃为最敷衍，不但未减，而且骤增。度支部统税一项，今年甘肃一省可收一百二十万。使长此不问，他省效尤，后患何堪设想。故本会员所主张者：第一，一律禁绝。各省自今年八月起，至明年一律净尽。第二，禁止邻土输入。各省既已禁种，则所存之土，产烟省必多，不产省份必少，少则价必昂，多者必思有以输出之。若预示禁止，以杜其贪利之心，则于禁种前途，亦有大关系。因此两层，又生出二问题：第一，统税问题，度支部所以犹疑未裁者，因各省究未禁绝也。如实行禁绝，则统税必难存在，此问题无甚关系。第二，洋药问题，我既实行禁绝，则洋药一层，大可从容与之交涉。不过此交涉期中所谓犹豫期间，我们不能不少吃亏。然我们现在所期者，系去害问题，非争利问题。况我国向来吃亏事甚多，则此区区者亦在所不惜，故此问题亦易解决。至于办法，则已禁省分再持之一二年必可肃清，未禁省分如果官绅合力，亦日易为。且各省自治已均成立，大可委任，使相辅助，亦断无不收效之理。诸君以为如何?”

主席言：“梁君此意，大家赞成，请表决。”

全体起立。

主席言：“今日应交审查案，一为改订官制案，系安徽提出，请高君炳麟报告，以便讨论。”

高君炳麟就演席言：“官制事所关甚重，敝省所提议者，不过一意见书，是否仍请大家公决。此意见书中要义有三：第一，不速订官制，则内外均不负责任，为害甚大；第二，改订官制时稍不慎，必滋流弊，故言其所宜注意者数事；第三，即厘定时之大纲大致如此。请诸君公裁。”

汪君龙光言：“敝省昨有议案到来，亦系关于官制者，然内容切极复杂。鄙意拟不为提出，可请凡关于官制议案，统由本会起草，余均消纳在内。”

刘君崇佑言：“江西既有议案，如交到办事处，必为发布。至内容可付审查后再议。”

汪君龙光言：“此案若直代政府起草，恐甚繁难，鄙意总以催政府自订为是。”

王君振垚言：“政府自光绪三十三年已有不完全之官制草案，而此次《行政纲目》又已颁布，错累尤多，鄙意不如直代之起草为是。”

张君光炜言：“起草办不到，仍请政府提前施行为是。”

主席言：“此事可先付审查再讨论。”

主席言：“第二交审查议题为税法改革案。此案内容：第一，地租改正；第二，裁撤厘金，请公众讨论。”

刘君崇佑言：“裁厘已经议过，地租改正，非一二语所能了，请先付审查。”

汪君龙光言：“有友人寄到一意见书，亦关于税法者，可否当场散布。”

主席言：“如交办事处，此无须散。”

主席言：“契税试办章程，请高君报告。”

高君炳麟就演席言："现在契税由三分加至六分六，由六分六加至九分，然新章所有一切火耗经费等项，均由此内扣除，则虽日益加重，然仍有体恤小民之意存乎其中，似可承认。但其章程内有不合者数条：(1)以银折钱按照现办章程办理，此层民间受害甚大；(2)典价向照卖价之半，而税额则照三分之二，太不公平；(3)截留地方款项各省不同，拟定办法系按三级，中央为一级，省会为一级，地方为一级，每级通持三分折。报告者如此。"

张君凤瑞言："贵省典税从何时始有?"

高君炳麟言："早有。"

孙君百斛言："奉省系新添。"

蒲君殿俊言："四川亦新添。"

张君凤瑞言："买契税重而不重，鄙省亦经提出议案，可以承认。至典当税契，原奏本为防偷漏起见，并未报部。从此番新章颁布时始，一并添入。据本会员意见，此种契税与小民生活有滞碍者甚多，请公众主张取消。"

张君国溶言："一次续会无须详细讨论，先付审查。"

主席言："盐法案已归合并，可无须讨论。至新币制办法改正案，鄙意以为不如作为质问案，盖此项关于财政学理者，至为繁赜，苟于财政学理稍不完全，则所成议案必至贻误大局。本联合会对于此事似宜慎重。"

刘君崇佑言："可先付审查。"

主席言："吉林谘议局有一节略，内共八款，似不能成一议题，而此八款第一至七皆本会所已经提议，可消纳合并。又报告现在办事处收到各省款项，计六省洋七百元。”

又预定十八日第五次会期。

四时摇铃散会。

《直省谘议局议员联合会报告书》，京师京华印书局1910年铅印本，第38～42页

联合会第一届第五次会员记事录

七月十八日，第五次会议，到会会员二十五人。

二时振铃开会。

主席报告本日请假人数，宣读议事日表毕，言：“今日议案由本会委任起草者二件，由各省提出者四件，均应交付审查，然诸君如有意见，亦可先讨论。第一，请速开国会提议案（本会委任起草员张国溶提出）；第二，请速定官制提前施行提议案（本会委任起草员孟昭常、杨廷栋提出）；第三，请开国会公呈（安徽谘议局提出）；第四，请按新币制速定丁漕划一征收方法提议案（安徽谘议局提出）；第五，谘议局章程变通诠释提议案（会员高炳麟提出）；第六，请变通谘议局章程提议案（会员张光炜提出）。”

刘崇佑君言：“开国会公呈与丁漕划一两案均皖省提出，请高君报告。”

高炳麟君就演席言：“敝省请开国会一呈系对于本省抚台请其上奏者，提出于本会不过供参考之用。至于丁漕，流弊甚多。就币制而论，已有本洋、鹰洋、龙洋之种种参差，小民殊多不便。现在新币未颁，龙洋故可以代新币，敝省主持通用龙

洋，以期划一。”

王振垚言：“一律用龙洋固好，然龙洋系旧币，旧币现正在收回之期，若即以代新币，则旧币之价格愈高，将来必有两种法币之现象出，而新币转为旧币所驱逐，此为经济学之公例，不能免。况新制虽定七钱二分，然其实价只六钱四分八厘，国家未定按何价使用，今若以龙洋代新币，将按其名价使用，则各国无此办法；若按其实价使用，则旧币之纯量与新币之纯量不等，将以何者为标准。此当新旧币交替之时，所不敢遽倡此议者也。”

张国溶言：“此问题非先从根本上解决不可，欲从根本上解决，非先问资政院是否立法机关不可。”

刘崇佑言：“说到根本一层，我们会期已经过半，尚未议及，甚为可愧。现在资政院极不完全，然我们是很盼他完全的。将来一切立法须经过资政院与否，此层务须注重；至于编查馆，我辈只可认为内阁之一法制局。”

张国溶言：“此不过申明成案，恐将来编查馆对于资政院不将原奏提出，而资政院又不知过问，则殊于前途有滞碍。再，官制一层，鄙意很赞成，然对于现在之编查馆，可请他赶紧将此案提出于资政院方好。”

孟昭常言：“张、刘两公意思，鄙人也曾想到，不过申明原奏一层可不必要求，而官制亦无交资政院一说。据鄙见总是催他速定、速议、速颁布方是。”

王振垚言：“诸君所谓根本二字，本会员甚赞成。我们局章既不完全，后来馆电尤不完全，因独力不能指争，所以有联合会之设。而近来所提议案，大半皆枝枝节节，为资政院豫备材料，于谘议局无甚关系。现在会期已经过半，此宜急提新案，从根本上着想。”

主席言：“请编查馆照原奏办理一层，湖北有议案，不日当可提出。官制一层要求提出于资政院，恐办不到。至于不先有官制，而后有官规，断无此理，所以请他赶紧提前颁布。若如何办法，仍待审查。币制之说高、王两君均有理由，仍须先付审查再议。第五案为高君提出，请报告。”

高炳麟就演席报告，不外意见书中所云。

刘崇佑言：“高君所云第一件常驻议员覆议之权，极难办到。馆电所主张不能覆议者，谓不能以少数变更多数，亦甚有理由。然既不能主张覆议，则须另有对待之法，于是有主张订劄明、劄复期限，然订劄复期限事实上能作到与否，亦一困难。崇佑对于此事颇费研究，然终无一至当办法。”

张国溶言：“督抚交局覆议一层，甚无根据。各国议会无复议之事，督抚对于谘议局得交复议，是以立宪之名，行此专制之实，非废去督抚交复议之权，此问题终难解决。”

刘崇佑言：“覆议一说，各国地方会有之，省会断无有者。现在主张不覆议，固甚有关系，然覆议删去应如何办法，很须讨论。”

王振垚言：“各国无所谓覆议，是指国会对政府而言，至于省谘议局性质，不过如各国之府县会，既设常驻议员，再不准覆议，试问留此十余人或数十人者将何用？且常驻议员系议员全体公举，委任覆议系驳长官之意见，并非违反原案之意思，有何不可？”

刘崇佑言：“常驻应否覆议，此别一问题。至认谘议局为府县会，本会员决不赞成。常驻议员，外国有所谓州会者即有之，皆有特定机务，无委任覆议之意思。”

王振垚言：“府县会者，不过用他作阶级上之比例，以外国府县会而上即直接政府，无再高机关，中国省会亦然。至于其权限范围之不同，夫人而知，不待再辨。本会员所以主张覆议者，亦以不覆议有许多困难，且覆议亦于法理无违背也。”

张国溶言：“此问题能争回与否未可知，争回而有弊与否亦未可知，且有所争者，对编查馆乎，抑对资政院乎？总之，我们只当问覆议应有不应有，国会开后我们谘议局处于什么地位就是了。”

张光炜言：“覆议是最当争的。”

主席言：“此问题很有趣味，张、刘两君之说，鄙意甚赞成。大家主张覆议，论法理乎，抑论事实乎？以法理论，则议员可以谓代表国民，常驻议员不能谓之代表全体议员；以事实论，则常驻议员如有变更多数议员意见时，众议员反对将如何。”

刘崇佑言：“覆议是否可有条件令众议员赞成。”

张君光炜言：“譬如我有一议案，已经议会通过，即成公共之意见，焉有再反对之理。”

刘崇佑言：“不反对固然，然事往往有从前未见到，既经提出，而驳斥者甚有理由，斯时常驻不能不赞成，当如何？”

梁善济言：“此亦好解决。遇有此等事时，可用河南议案通函取决方法。”

刘崇佑言：“用通函取决，反于会议之原则。盖会议者，谓其辩论于一堂，可以得真理所在。若隔地通函，殊失议会之本旨。”

高炳麟言：“解释章程议题已经起草，可俟后再议。”

王振垚言：“解释必限于章程以内，章程无常驻议员不准复议之文，将从何处解释？”

刘崇佑：“严格解释，章程实不准覆议。”

左学谦言：“覆议一层，无须议及。”

张光炜言：“覆议必须争。”

张国溶言：“据法理言，常驻议员不能代表全体议员，如能代表则可不要会员。”

梁善济言：“请主席表决。”

主席言：“此事极有兴味，极有关系，既系付审查之件，可先无须表决。今日第六题为张君光炜〈言〉提出，请报告。”

张光炜〈言〉就演席言：“此数条是敝省谘议局根本的解决。因略述议案中之意。”

左学谦言：“张君所言，系指贵州一隅，可不提出于联合会。”

主席言：“广西来电，为抚台反覆已经公布禁烟案，诸君想已见，应否覆电。”

蒙经起立报告广西禁烟案之起原及所以发电之故。

刘崇佑言：“无论何等议案，既经公布，断无可以任意翻复之理，请照此意覆电。”

王振垚、张凤瑞均起立赞成。

刘崇佑言："敝省曾有一事，可与此事相参酌，请报知大家。五月间局中接警道公文，是将所订警察章程，请局中参酌。其章程多杂取违警律，随意增减。敝局复函拒绝，理由有三：第一，大清违警律不能擅为增减；第二，章程系补警律之不足，不可与违警律相重复；第三，单行章程系已决之案，须以督抚之名交局议，不能以当道之名提出议案。因与此事微有相同，故略为报告。"

主席言："此事只有覆电一方法，他无疑义，不必讨论。"

主席言："代表团交来一案，因事关重大，故未列入议事日表。因略述议案中意。"

张国溶言："此事后一层恐办不到，无须作为议案，前一层可通告各民选议员。"

张凤瑞言："我们正主张请开国会，此是不准开以后之办法，可缓议。"

张国溶言："开国会与否，是我们生活问题，不允开，就应有对待之法，万难从缓。"

刘崇佑言："我们对于此事可想好方法。如此案第一层，资政院民选议员不承诺新租税，恐是非不法；第二谘议局议员辞职，消极之要挟，实为自杀之道，本会员殊不赞成。"

王法勤言："代表团因无他善法，故不得已用此一著。"

张凤瑞言："此是实行的问题，非陈请的问题。"

主席言："此件可付审查再议。"

下次会定期于二十一日。

四时半振铃散会。

《直省谘议局议员联合会报告书》，京师京华印书局 1910 年铅印本，第 43～47 页

联合会第一届第六次会员记事录

七月二十一日，第六次会议，到会会员二十五人。

一时主席振铃开会。

主席报告告假人数并宣读议事日表：

“第一，请速定官制提前施行提议案（审查员报告）；第二，改定官制提议案（审查员报告）；第三，税法改革提议案（审查员报告）；第四，新币制办法改正提议案（审查员报告）；第五，陈请修改结社集会律提议案（本会委任起草员汤化龙提出）；第六，请准各州县丁漕实征实解并划定州县公费提议案（江西谘议局提出）；第七，请设租税整理局整理租税提议案（江西谘议局提出）；第八，谘议局豫算议决权提议案（江西谘议局提出）；第九，直省衙门局所卷宗应请登报公布提议案（会员汪龙光提出）。”

孟君森就演席报告，大致与报告书中同。

主席言：“皖省提出之官制案原有条件，本会提出者则否，但就催促速订实行立意。原草有四条，审查会又删二条。请讨论。”

张君国溶起言：“官制案是否须由国会通过，今国会未开，研究颇为困难。起草由宪政编查馆必不完全，吾辈代起草固好，然皖案第二、三次不能为彼蓝本。鄙见先不提出，俟官制

草案颁布后，再对之批评方好。至皖案大旨与本会相同，审查会主张合并添入，提前施行甚为赞成。”

王君振垚言：“审查报告，鄙人甚赞成，惟详于内官，略于外官，稍差；以文论，亦有一二段稍平复之处，不可不注意。”

高君炳麟起云：“官制系君主大权，碍难代定，本会不定细目甚好。敝省意见书第二、三项亦为备参考，原注重者为第一条。现大会主张提前施行，甚佩服。”

主席云：“官制君主大权，不能代订细目，本会但主大纲，吸收皖案，表同意者请起立。”

起立者二十一人。

主席云：“此案文字、办法均须修正，拟请孟君森为此案修正员何如?”

众皆赞成。

主席云：“第三，税法改革案。请审查长报告。”

孟君森就演席报告，大致与报告书相同。

高君炳麟云：“敝省提议案，实以丁漕之弊，到今已极，全国一致，民均受累，非一省之力所能改革。可否请大众筹一完全方法，以纾其困。”

孟君森云：“改税法之语，改征收方法耶? 抑改定税法耶?”

高君炳麟云：“以征收法为救急之计，改定税法为永久之计。”

孟君森云：“征收法各省不同，调查清楚恐不易。”

高君炳麟云："诚然，然鄙意是注重第二义。"

孟君森云："去年江苏谘议局提议无效，惟组织此机关长养人民能力可也。"

高君炳麟云："江苏已公布，江西亦有案，可否请联合会请之资政院。"

汪君龙光云："丁漕为东南大害，钱价一项，中饱甚多。币制关系甚要，吾辈甚望新币制之施行。"

主席云："彼自另为一案，与此案无涉。"

张君国溶云："今日于人民对于国家之关系，只此租税之一点。以今日租税之弊，诚不可不改。然有一先决问题，即国会问题是也。国会未开，言改正租税，今日之官场谁敢信之？但改正租税，须先正租税之系统，我辈于此事尚少研究。设使国会即开，提出此案，我辈即无把握。鄙意租税改正案暂不提出于资政院，而以为各省谘议局共同调查研究之问题，求得完全之解决方法，以为开会时提出议案之准备。"

王君振垚言："九年筹备案，本有厘订地方税、国家税一条，今吾辈请改革税法，是否不认此条，抑就此条请其作速厘订，此不可不研究。张君言暂不提出，鄙意甚为赞成。"

主席云："税法〈交〉改正案裁厘加税一层，已经另提议案，惟地租问题为本案之大键，但此问题关系极重大。皖案补救偏弊，意在水深火热，补救一分，即得一分利益，立意甚善。惟补偏救弊，各省皆可自为，本会宜从根本解决。张君言暂不提于资政院，而以为各省调查研究之问题，求得根本解决，豫备国会开时提案改正，最为有理。赞成张君说者请起立。"

起立者二十人。

主席云："地租改正案极正大，将来国会开时必要提出，此种困难问题，各省谘议局应负共同调查研究之责。"

张君国溶云："我联合会讨论之案，对外提出于资政院，对内自应归各省谘议局研究。"

刘君崇佑云："对内之案应通告各省，前次已议决地租改正案不过为通告一种，可归入通告一类。"

主席云："第四，币制改正案。请审查长报告。"

孟君森就演席报告，大致与报告书相同。

高君炳麟云："币制望其实行，审查长所说之危险诚然，但部定则例矛盾甚多，若待将来再议修改，恐人民已受大害，补救无及。"

张君国溶云："皖意是币制施行法，不是反对新币制。币制为度支部所定，未必即能通行，应大家研究。"

孟君森云："研究未为不可，然金融甚乏，须问中国现银能收回否？旧币能收回否？"

王君振垚云："此案鄙人不赞成。(成)【度】支部不难于行新币，而难于处置旧币。若如此案照市价使用之说，则不惟旧币对旧币有市价，即旧币对新币亦有市价。旧币对新币既有市价，而新主币独立之价格复何能定，且纳租税亦安能用市价乎？此时处置旧币之法，惟有仿照日本改革台湾币制时，将一切旧币化分之，即其所有之纯量，与新币之纯量，定一比价，不准移易；一面仿各国，令人民自由铸造，而大清银行只准代铸，不准谋利，如此，然后可以渐渐收回，而不至妨碍新主币。舍此固别无善法也。”

孟君森云：“度支部币制，有欲收回，有欲自由铸造，未至收回之期，何事比较？”

张君国溶云：“币制乃国家生活问题，必有法规，然度支部法规未必即能完善。我辈对于部定则例，须审核之，如有滞碍，请彼先行改正。若知而不言，安用吾辈。不然，必生大币制问题。在日本数十年始能办好，可为前鉴。倘待将来，悔之晚矣，所以总要质问。”

张君凤瑞云：“币制当于人民市肆受何利害研究方可，此与地租不同。预料有弊而不问，此大不可。鄙见以为皖案甚完全，仍然不可消灭。”

谷君芝瑞云：“此问题须于两方面研究，一于国家财政有妨碍否；一于人民生活有妨碍否。”

孟君森云：“危险在所不免，日本亦然。收旧纸币，又借公债为之，中国此问题尚未发出，此危险不能不预为之防。”

王君振垚云：“此事既巨，必须细研，时日有限，恐未能即时解决。如吾党有精于货币学者，不妨于闭会后著为论说，分头研究。”

主席云：“此案，张君国溶主预先研究，对于则例质问。审查长报告以俟施行后随时补救，暂不提议。赞成审查报告者请起立。”

起立者十三人。

主席云：“请愿代表团提议案一件未列议事日表，请审查长报告。”

孟君森就演席照报告书报告。

汪君龙光云："此事代表团以九年期太缓，主张九月，对资政院提出。明年二月再大举，每县须万人以上。此激烈之举动若在九月，正于各谘议局开会期间，恐人数少，拟延至十月再举。按此情形，已有困难，今日为计，只问今年九、十月有此举动否，如有再行研究。总之各团体皆有辅助义务，而谘议局终负大责任，有倡首之义务。今公同商准，归即可豫备一切。惟各地各团体于第一问题均不知痛痒，第二问题又碍难行。此事还求大家研究，如任九年，则亦已矣；否则牺牲一切，亦所不惜。请大家研究。"

张君国溶云："代表团甚偏劳，能和平办则更好。然今日请愿，仅恃文字，已为最下乘，若再下则不可言矣。今以鄙见，人数、时日、手段均不能限制，然按报告，第一，太泛滥。观今现象，无加赋之名而有其实，人民俱在不知不觉，用不认新税字虽无大效力，亦可固结人心。第二，审查以为然，鄙意可修改。总之，但有十二三省不承认新税，则政府亦无可如何。吾联合会原抱请愿同一之宗旨，今应以开国会与否为问题，鄙人极赞成审查的意思。"

康君咏云："但不承认新租税无效，必另拟办法方好。"

王君振垚云："鄙意甚赞成早开国会，窃意非破釜沉舟不能得。不出代议士，不认租税一语发生英国，以纳税者为平民，而僧侣贵族则否也。但今日中国无此事实，而各地方自治机关又未完全，若以此语为请求国会之前提，恐办不到，不如另筹急进办法。"

主席云："以英国之例，论代表团交来之案，似不能破。盖代表团交来之案，非不承认租税，乃要求资政院民选议员不承认新加租税也。"

刘君崇佑云："我为审查员中之一，会中所主张甚赞成。鄙意于国家方面，不论有无效力，只问我辈主张否，不问彼准否。前在上海主张请愿国会，明知无效，吾亦为之，但尽我义务而已。故第一层不承认新租税，虽使终归无效，不可不主持。惟第二层，不开国会，谘议局议员同时辞职，鄙人甚不赞成。北京向无政治团体，有之自请愿与联合会始，我等尤应固结联合，以为民党基础，不可自弃谘议局，是我国民之根据，不可先行破坏。"

张君光炜云："非开国会不能救亡，如激烈可开，莫如照代表团所主张。"

张君凤瑞云："此论与审查冲突。鄙意以为，如用破坏手段，则从第二说；如取和平手段，则用请求。"

张君国溶云："所以不认新租税，正以要求之也。鄙意所以赞成审查第一条者，中国人民不知有国会，而却苦租税，以不认新租税为请求国会之手段，藉此可以使人民有国会之观念，且不开国会不认新租税，开国会必承认之矣。先播此种影响于一般国民，开国会后欲加新税，亦较易着手。"

张君凤瑞云："不承认新租税为不法行为，若行此手段，是先自求破坏也。"

主席云："今所争执者，一在误认不认新租税为不法行为；二在误认要求民选议员为运动人民反对租税；三则以此手段之终无效果。鄙意有效果与否，实不必计。惟不认新租税，非不法行为，盖永不加赋，早有圣训，宪法大纲亦有非经新定法律，赋税止仍旧完纳之文。不开国会不认新税，正恪遵圣训及宪法大纲也。且以此通知各民选议员不承认新租税，非鼓动一般国民反抗新租税，故惧以非法自取破坏者，皆过虑也。"

王君振垚云："本朝永不加赋之语，盖谓田赋也，非谓新租税。中国自庚子而后，所加新租税之种类何限，若以圣训为前提，则此应改为不承认新田赋，不能泛言新租税，但此亦无甚关系也。"

张君光炜云："无论为非法与否，须划一进行方法。"

刘君崇佑云："能划一进行方法甚好。"

主席云："以审查为然者，请起立。"

谷君芝瑞云："此事不宜轻易表决，请延会。"

刘君崇佑云："此事请暂停止，俟明日开谈话会。"

主席云："谈话会明日一时开于魁和参局，二十四日开会再议。"

主席云："第五，修改集会结社律案，为本会委任化龙起草，所有修改理由具详原案，候付审查后再议。"

主席言："第六至第九各案，均江西谘议局提出，请汪君龙光报告。"

汪君龙光就演席历述第六至第九案提出之理由，大意与原案相同。

主席云："此数案均应交付审查。"

主席报告二十四日会议。

五时半主席振铃散会。

《直省谘议局议员联合会报告书》，京师京华印书局 1910 年铅印本，第 48～54 页

联合会第一届第七次会员记事录

七月二十四日，第七次会议，到会会员二十二人。

资政院议员湖南罗君杰新到会与议。

直隶谘议局议员锡、吕、乐、文四君来会入特别席。

一钟摇铃开会。

主席报告告假人数，审查长孟君森请假返苏，并读议事日表如左：

“第一，修改度支部酌加税契试办章程提议案(审查员报告)；第二，请速定官制提前施行修正案(修正委员孟森提出)；第三，陈请解决谘议局办理困难情形提议案(起草员刘崇佑、汤化龙提出)；第四，全国禁烟修正案(修正委员梁善济、刘崇佑提出)；第五，五省协商疏江提议案(湖北谘议局提出)；第六，划定中央地方权限提议案(山东谘议局提出)；第七，《国民公报》第一次报告。”

主席言：“第一案，审查长告假归，不能报告，请刘君崇佑代报。”

刘君崇佑言：“审查意见具于报告书，已分布阅看，无须再为报告。”

高君炳麟言：“鄙人对于审查无甚异议。”

李君素言：“报告书中所谓过户，意义如何?”

高君炳麟言："过户为典权利转移，不过户为押权利不转移。江苏有典、当税之分别，故有过户与否之区别。"

张君凤瑞言："典不过割，过割则地主权全无。"

王君振垚言："南省过户，似即北省之所谓过粮，与卖无异，若典，则无所谓过户。"

刘君崇佑言："审查以过户即典。"

汪君龙光言："指产借人之钱为押。"

主席言："此问题不在分典、押之名，而在税契与否。以过户、不过户为典、押之分，即为税契、不税契之别。查度支部定典、当皆收税契，妨巧漏之弊害及典、押之户不少，报告书故分典、押为二，意在不过户即不税契，非徒务分其名也。"

刘君崇佑言："报告书第三款因国家税、地方税未分清，审查之意暂作罢论。"

高君炳麟言："税契之事各省情形虽不同，以性质论应作地方税。"

刘君崇佑言："国家税、地方税为极大问题，可缓议。"

张君凤瑞言："第二款今决议否？"

刘君崇佑言："此款尚须修改。"

王君振垚言："第一款两与元折合，旧币未经收回，通用旧币则旧币抬高市价，新币势必破坏，仍本会员前者之说，各省旧币种类不一，又将生挑踢银元之弊。且乡僻多无银元，不能随取即是，鄙见不若用第三款直接完纳法较为便利。"

张君国溶言："税契折银折钱，皆系币制未定，救弊补偏之法。旧币既认可通行，则认为通币。币制既定从根本改，则税契先不能用两计算。若原价仍用两，税契虽折洋折钱，终多纠葛，鄙意不当。此补置之策，由本会提出。”

主席言：“第三款审查原意本不提出，惟第一、二两款审查报告主张修改后再提出，而张君以为补置之策不必提出，亦有理由。赞成不提出者请起立表决。”

起立者十二人。

汪君龙光言：“提议此案为其与丁漕有关系，似不宜作废。”

张君凤瑞言：“丁漕、契税各省去年多有提议者，似不能作废。”

刘君崇佑言：“各省可各自为补救之，不必用联合会名(议)【义】。”

主席云：“本案所谓不由本会提出者，谓不以联合会之名义提出，非即作为废也。其各省自酌情形，挽救积弊，尽可自行提议。”

主席言：“第二，速定官制提前施行修正案为孟君森所修正，是否可用，请讨论。”

张君国溶言：“今资政院未开，官制未确定，彼草案成否未可，必陈请速订施行，实不可缓。惟修正文字颇多不合鄙意，宜再斟酌。”

刘君崇佑言：“此文前数行似有默认筹备之意，与请速开国会意有冲突否?”

张君国溶言：“此案之重要为后三条，甚当讨论。我辈请其提前施行，以编查馆之筹备已逾时也。”

刘君崇佑言：“依张君所言，吾辈修正当更如何，请言其法。”

张君国溶言：“编查馆官制案匿而不现，吾辈请其提前施行，即为催其发布。”

张君凤瑞言：“此案内所定时期少有冲突之处。”

刘君崇佑言：“既如此，请赶速指定修正员，以便修正。”

主席言：“此原案不过官制提前实行，修改之文后两条可不要。今但以提前实行为要素，如以为然者，请起立表决。”

起立者二十人。

主席提第三谘议局办理困难情形案，并演说本案大意，且云今日各省关此议案均已带来，以资研究。

王君振垚言：“各案重复者不少，鄙人有一案，略可包括诸案，已付印，尚未出。”

刘君崇佑言：“此案起草员系鄙人与汤君，而主稿者则汤君，鄙人特参与意见耳。前此原定议题，系谘议局章程解释疑义之解决案，后因提出关于谘议局各事者甚多，乃后于正式会经张君国溶声明，题目应改为‘办理困难’四字。所有关于此类之提案，统归起草员斟酌采取，择其大者言之，其细者可由各局自提，不必由联合会提出。经公决，故此案今日改为此题目。又在研究会讨论各案之去取，经公决，为应只就案中所指四项立言，其他不必阑入，故其他皆未经采用。此起草之情形也。谨报告，候公决。”

刘君又言：“关于豫算案，四川蒲君已有拟稿，按谘议局章程驳其解释之不当，语极透(撤)【澈】，请即以各局名义呈请政府如何，请大家研究。”

雷君奋言：“各省提议此问题案甚多，今但问承认此案之四项否，再问其他。”

主席言：“今日但问此四题目，大家承认否?”

刘君崇佑言：“谘议局对外有此四方法，其他还有可讨论者否?”

王君振垚言：“此四条虽不能包括，而持论固甚正当，且其体裁以上编查馆为宜，本会员拟提一案上资政院。”

主席言：“此四条议决再议其他，承认者请起立。全体均起立。”

主席言：“第四，全国禁烟修正案，请讨论。”

刘君崇佑言：“此案系鄙人与梁君起草，文中所谓禁种、禁运办法，皆会场已经通过者，今但就措语上可用否决之。”

主席言：“赞成案文者，请起立表决。”

起立者二十一人。

主席言：“第五，五省协商疏江案，请张君代报告。”

张君国溶代报告书之内容，并言提于联合会之意。

张君凤瑞、王君振垚均赞成提议于本会。

主席言：“大家既赞成提议于本会，请即交审查。”

主席言：“第六，中央地方权限提议案，并云本案提议员未出席，应代报告案中大旨。”

王君振垚、刘君崇佑并言：“题目极正大，而文之内容公举督抚事甚不合，可不付审查。”

张君国溶言：“鄙意亦与王、刘二君同，以为不必审查。”

主席言："赞成不交审查者，请起立。"

全体起立。

主席言："审查孟君森告假，事关重要，应否添员襄办，请酌议。"

刘君崇佑言："审查事务繁重，亟应添员补缺，鄙意请蒲君殿俊补之。"

众赞成。

主席言："鄙意各审查员明日十一时聚会魁和参局，公举审查长。"

众赞成。

主席言："前次代表团交议不开国会不认新租税及谘议局辞职二问题，骤未解决，今亟宜议决之。"

刘君崇佑言："原议所谓新租税者，果何所指？"

主席言："新租税自易知，从前所未有而新增者即是。"

左君学谦言："议员辞职事实，决难办到。"

主席询问："前日研究会中研究之结果如何？"

张君国溶言："第一代表团交议不认新租税，研究会以为不惟资政院民选议员不宜承认，即谘议局议员亦应不认新租税，必生冲突，固生冲突，必至解散，所谓全体辞职，实则全体解散，此一定之事实也。当时研究会中以为此事可行。"

张君凤瑞言："不承新租税，势至上压下迫，自然辞职。"

左君学谦言："辞职必办不到，必到解散方好。"

张君国溶言："从种种方面研究，辞职事亦甚危险。"

吴君赐龄言："议员辞职若办不到，殊负代表团之期望。"

刘君崇佑言："今万不可但讲理论，不讲方法。"

主席言："第一问题解决，第二问题今未解决，可暂延会。其第七题《国民公报》报告亦俟下次开会再议。"

因定二十七日开会。

时五钟半，振铃散会。

《直省谘议局议员联合会报告书》，京师京华印书局1910年铅印本，第55～59页

联合会第一届第八次会员记事录

七月二十七日，第八次会议，到会会员三十四人。

一时摇铃开会。

主席报告告假人数，宣读议事日表如左：

"第一，请速开国会提议案（审查员报告）；第二，陈请修改结社集会律提议案（审查员报告）；第三，直省衙门署所卷宗请登报公布提议案（审查员报告）；第四，请设租税整理局整理租税提议案（审查员报告）；第五，请各州县丁漕实征实办并划定州县公费案（审查员报告）；第六，请按新币制速定丁漕划一征收方法提议案（审查员报告）；第七，谘议局豫算议决权提议案（审查员报告）；第八，划清地方自治经费提议案（审查员报告）；第九，五省疏江提议案（审查员报告）；第十，拟请亟变盐法就场征税破除引地修正案（修正委员蒲殿俊、孟昭常提出）；第十一，陈请建议速定公布法令（修）【条】例提议案（本会委任起草员孟昭常、张国溶提出）；第十二，请删《资政院章程》第二十三条二项建议案（会员沈钧儒提出）；第十三，国会

未开以前不得收商办铁道为官有提议案（会员沈钧儒提出）；第十四，对于城乡地方自治经费附捐意见书（会员沈钧儒提出）。”

主席言：“表内议案自一至九为审查报告之件，因审查长孟君森请假归苏，审查各案系就研究会中代之审查。鄙人昨亦曾到研究会躬与审查之事，应代为报告。第一题为请开国会案，系委任张君国溶起草，研究会中审查原案并无异议，是否尚须讨论，请公决。”

刘君崇佑言：“此案宗旨单一，无可讨论，文字之修饰不必讨论。”

主席言：“赞成本案成立者请起立表决。”

全体起立。

主席言：“第二，修改结社集会律案系本会委任鄙人起草。论原律条文，可改之处甚多，惟不过文字之訾谬，虽为改正，无关宏旨，故仅就限制教员不得为政治结社、政论集会之会员及限制政治结社一百人、政论集会二百人，请其删去，以其妨害政党发生甚大也。审查此案佥无异议，应否再行讨论。”

张君国溶言：“此案去政党发生之障碍，甚为紧要，文字亦复妥协，鄙意应即作为成立。”

主席言：“赞成此案成立者，请起立表决。”

起立者三十人。

主席言：“第三，直省衙门署所卷宗请登报公布案，此案为祛议员调查事件之困难，立意甚善，惟卷宗登报应起自何日，是否应须别择，原案未计，办法极为繁难。昨日审查之意见，以为不必提出，请同人讨论。”

刘君崇佑言："卷宗登报，有此言则易，办到则甚难，况议员亲抄卷宗，本会另有议案，此案可不提出。"

张君国溶言："卷宗尽数登报，中外无此办法。若择要登之，今后发生之文件，尚可设法整顿官报，令其照办；若从前之文卷，何者当登，何者不当登，议员断不便往各署局亲检之。鄙意各省谘议局宜自想调查方法，不必提出专案。"

王君振垚言："因调查卷宗困难，始有此问题，然卷宗与法令不同，无所谓公布，不能强人以必行登报。且案中言由督抚选登，如何能办到，此案可不提出。至言调查困难，亦视吾人之能力何如，不能强各省以尽同也。"

主席言："王君言甚是，赞成不提出者请起立表决。"

全体起立。

主席言："第四，请设租税整理局整理租税案，此案为补偏救弊之计，用心良苦。惟今日租税紊乱，应为根本之改革；欲为根本之改革，须我辈先就各项租税切实分任调查，正其统系，厘其性质，方能着手。仅为一二补救之举，似非本会所宜提出，此昨日审查之意见也。究竟应否提出，请同人讨论。"

蒲君殿俊言："整理租税有许多方面办不好，度支部整理财政已有成样，可以不提。"

高君炳麟言："整理租税与人民有绝大关系，我可不定方法，请政府急速改正。"

蒲君殿俊言："如此可另为一题，不提出此案。"

孟君昭常言："租税积弊，若各省设法补救，或可稍有裨益；若根本整理，今办不到。"

高君炳麟言："此事各省受害皆同，即如'浮收抑勒'四字，各省尚争之无效，有何裨益。试问部饬督抚酌中定价，可信其为民乎？"

张君国溶言："此节不必论。整理租税原属妥举，根本改革必在开国会之后。鄙见莫如各省调查各省之租税，汇报本会，以为研究之豫备，待国会开时，提出议案可也。"

王君振垚言："租税必求根本改革，此为不刊之论。日本松方侯厘订租税至六七年之久始能就绪，其经营苦心，昭昭可见。今吾人但言整理，而于根本大计并未能举出有案与无案，且即求其整理，又何必请其设局，此为越俎代庖之计，殆不可行也。"

主席言："赞成不提出者请起立表决。"

全体起立。

主席言："第五，丁漕实征实解并划定州县公费案，请讨论。"

王君振垚言："此案办之甚难，实征实解原属旧例，即有所请，当道亦无不允。然不过照例一纸空文，有何裨益。至各省州县公费，已定者已十余省，似不必再提案催办。推各省所定数目，有过滥者，是在各省谘议局监察之而已。"

张君国溶言："试问租税须改良否，如不改良，则实征实解之说终不能办到。"

蒲君殿俊言："此案似仿四川经征局办法，四川经征局之害民已不堪言，尚欲为之推波助澜乎？此案鄙人主不提出。"

孙君洪伊言："实征实解必俟新币实行，计两、计钱、计分、计厘之习尽去始能之。此习不去，铢之折合，则不实解者多矣。凡征收租税，自州县至藩司，无一无弊。然如此案办法实征实解，愈办愈坏。公费已为过去历史，毋庸再议。我辈所当提议者，惟请速定官俸耳。此案鄙人亦不主提出。”

主席言：“赞成不提出此案者，请起立表决。”

全体起立。

主席言：“第六，请按新币制速定丁漕划一征收方法案，此案以现行龙元折元，新币完纳丁漕，自为划一征收起见，是否可行，请讨论。”

刘君崇佑言：“无洋元处，强其以洋元完纳，亦为大害。”

高君炳麟言：“方法如未完善，或第请早定征收划一之办法，而不加条议，其法不良。再起而驳议之。”

孙君洪伊言：“鄙人对于此问题生一种感(融)【触】。各省铸造龙洋亦既有年，而偏僻之地无龙元者甚多，将来新币发行，能否应社会之需用，实不敢必。若其不足，必至全国恐慌，甚为危险。”

王君振垚言：“新币为良币，旧币为恶币，恶币驱逐良币，为各国经济社会通例。若旧币按市价折合，则新币颁行，必为旧币所逐。”

孙君洪伊言：“新币制极赞成，惟办理手续不善，则甚危险。”

主席言：“此为丁漕用新币折合征收问题，非解决币制问题。此案原意为折合征收，以防浮收之(币)【弊】，昨日审查之意，以为丁漕用两钱分厘之制不改，而以银元折合，实不足以杜浮收之弊。益以一元五角折银一两，使丁漕若有两而无零，则折合甚易，但现时丁漕银常多带零。若至几钱几分几厘，则折合必同辅(弊)【币】。用辅币而其零若仍不恰当，即生浮收之币。且折两、折钱使社会心理永不能忘记两之习惯，于施行新币即有密接之滞碍，故非为根本之解决，此案不必提出。赞成此说请起立表决。”

起立者三十三人。

主席言：“第七，谘议局豫算议决权案，请王君振垚报告。”

王君振垚报告：“此案大意甚是。盖度支部所定豫算表册，谘议局豫算权既以地方行政为范围，则除国家直接行政外，均属地方行政，其经费自应归局豫算。而度支部所颁册式，归地方范围者寥寥无几。原案欲扩张权限，自是正办，惟欲并将国家行政经费亦纳于谘议局议决之列，势固有所不能，不如另提案议争。”

刘君崇佑言：“除国家行政费外，皆属地方行政费，言之颇足动听，但不知可以分别条举，使吾人　释其疑乎？”

王君振垚言：“国家行政事务为时所迫，言之甚难。”

刘君崇佑言：“督抚权限所到，即谘议局权限所到，然督抚无一定权限，究竟以如何为标准？”

张君国溶言：“此问题解决不难，但解督抚所为为何，为何地位，则谘议局地位自明，而此问题即解决。但此案更逸出范围之外，鄙意不必提出。”

孙君洪伊言：“以督抚权限所至为谘议局范围甚是，但得度支部豫算册一查，除中央行政外，即可定某种属地方行政。”

刘君崇佑言：“界限不清，终不能提出。”

主席言：“赞成不提出此案者请起立。”

起立者三十人。

主席言：“今年各省豫算系属试办，预计困难情形，应图共同进行方法，明日早八时请同人到魁和参局公议。”

主席言：“第八，划清地方自治经费案，此案应由各谘议局自行提议，毋庸在本会提出。原提案者为奉天谘议局，据孙君百斛云，该省提出此案，亦不过藉供参考，似不必表决。”

主席言：“第九，疏江案。请刘君报告。”

刘君崇佑言：“此案为五省利害问题，应请五省协商办理，不必由本会提出。”

张君国溶言：“审查之文殊不甚妥，吾国原为二十二省所作成，吾联合会有国会性质，如报告书立言五省之事由五省自办，本会不必置议，将来国会开时，若事关数省者，将亦置之不问乎？此措词之误也。”

孙君洪伊言：“以黄河作此例，请中央措款者，自归国会协议；若由各地方措款者，归地方会协议。今但问疏江之举，是否请国家担任款项耳。”

张君国溶言：“此案由本会提出本不易，吾为文字，故反对审查。”

高君炳麟言：“此案原无把握，可不提出。”

谷君芝瑞言：“可先通告各省，明年再议。”

主席言：“赞成谷君之说者，请起立表决。”

全体尽起。

主席言：“第十，亟变盐法，就场征税，破除引地修正案，请蒲君报告。”

蒲君殿俊报告，略与案意相同。

主席言：“以此修正案为可用者，请起立表决。”

未起者三人。

主席言：“第十一，陈请速定公布法令案，请起草员报告。”

孟君昭常报告书之大意与原案同。

刘君崇佑言：“到达日数颇有不当，现在日数尚不能定。”

孟君昭常言：“如此，可不定日数。”

王君振垚言：“各国公布法有传达、揭示、登报三种。传达法者，每一新法令出，地方官誊写之，以传达于其各部下也，揭示法者，揭法律于人民辐辏之地，而公示之也。官报登载法，近世各国多用之，以为法律公布之定式。今吾国阅报之人尚少，而官报又无法定公式，若纯用此法，恐效力反小。且外国府县直接政府，故可由中央直达；今吾国州县而上，尚有督抚司道数层，向例州县以奉上宪札文方为凭信，若由中央直达，恐反启州县以漠视之渐。鄙意不如官界仍用传达法，对于一般之人民则用揭示法，要严定其发行及到达之时日，而官报登载则以补二者之所不及。倘官家有稽延之时，则使人可执官报以质问之。此则据我国现今之情形而酌定之也。”

孟君昭常言：“既登官报必有效，再有揭示使人民周知，无须更用传达法。”

谷君芝瑞言："传达一事仍不可少。"

刘君崇佑言："传达旧习，由中央而督抚，而道府州县，层累而下，甚为迺延。既用官报主义，毋庸更用传达法。"

孟君昭常言："执传达之说者，以正式公文传达为有责任耳，不知有到达日数，则有一定邮政局负其责任。"

张君凤瑞言："此案应付审查。"

主席言："此案应特别审查，拟请王君振垚、谷君芝瑞、蒲君殿俊、刘君崇佑为特别审查员。"

大众赞成。

主席言："第十二，请删资政院章程第二十三条二项案，因起草员沈君病不在场，请刘君代为报告。"

刘君崇佑代报告原书大意，且云："此问题颇小，以鄙人之意见似可不提出。"

蒲君殿俊言："要改此项章程，仅就一方面而立论，可不提出。"

主席言："资政院章程根本既多不合，若欲修改，非从根本改正不可，枝枝节节而改之，于实际毫无所补。鄙意亦赞成不提出，诸君赞成不提出者请起立表决。"

起立者三十一人。

主席言："第十三，国会未开以前不得收商办铁道为官有案，此亦系沈君钧儒提出，请径讨论。"

张君国溶言："铁道应为国有否，此问题今尚未定。国会未开，不得收商办铁道，国会既开，遂可收以为国有乎？以此为主张请开国会之理由，颇觉不当。"

王君振垚言："此案可不提出，提之则国会既开以后，铁路即应收为官有乎？"

刘君崇佑言："此案不可不提，今但论国会未开以前不可收商办铁路，开国会后再论其他，正有余地。"

张君国溶言："如提出，题目宜修改。"

谷君芝瑞言："此题目可改为商办铁道非经国会协赞不得收为官有，按此新题目再请沈君起稿。"

主席言："赞成新题目另起稿者，请起立表决。"

全体均起。

主席言："第十四，题对于城镇乡自治经费附捐意见书，此亦为沈君钧儒提出。此为各省谘议局自行办理之事，似宜由本会通告各省谘议局一律办理，诸君以为如何？"

刘君崇佑言："此事自应办理，同人想无反对者。"

主席询问众意如何，众无异议。宣布由本会通告各省谘议局。

六钟半摇铃散会。

《直省谘议局议员联合会报告书》，京师京华印书局1910年铅印本，第60～67页

联合会第一届第九次会员记事录

七月二十八日，第九次会议，到会会员二十三人。

二时开会。

主席报告告假人数，并选读议事日表：

"第一，请申明资政院立法范围提议案（本会委任起草员张

国溶提出）；第二，请组织责任内阁提议案（本会委任起草员雷奋提出）；第三，请宪政馆根据章程确定权限解释提议案（本会委任起草员蒲殿俊提出）；第四，陈请更正谘议局文书体式提议案（本会委任起草员沈钧儒提出）；第五，谘议局章程应行增删修改提议案（会员王振垚提出）；第六，官吏久任提议案（山东谘议局提出）；第七，各省商办铁路公举检查员提议案（山东谘议局提出）；第八，盐务改良提议案（山东谘议局提出）；第九，速定中葡界限提议案（会员陈寿崇提出）；第十，各省谘议局应一律办理事件通告书（各省应提法令公布规则附）（本会委任起草员刘崇佑提出）。”

主席言：“第一题系本会委任起草员张君国溶提出，请报告。”

张君国溶起言：“此案，湖北谘议局本拟提出于资政院，因议案研究会决议，此案应作本会议题，嘱鄙人起草，故将原案增删提出。因述议案中大旨。”

主席言：“此案是否付审查，抑当场表决。”

梁君善济言：“此不必付审查，张君此案鄙人绝对赞成。”

主席言：“资政院章程，一切法律只能修正，不能编订，似与此案抵触，请讨论。”

张君国溶言：“各国法典多不由议会编定，惟必由议会议决。”

刘君崇佑言：“各国法典少由议会编订，系原于事实，并非不准议会编订也。良以此事重大，非政府之力不可故耳。我若草，就事后承诺权立言，似与章程不背。”

沈君钧儒言："我辈以国会期望资政院，如立法权不完备，须与力争。此案与章程无所谓违背，不付审查鄙人极赞成。"

主席言："以赞成此案成立，不付审查，请起立表决。"

全体起立。

主席言："第二案系本会委任起草员雷君奋提出，刻雷已南旋，此案是否付审查，抑当场讨论。"

王君振垚言："此案第三条，有议院议决案须由内阁认可，始由内阁上奏，各国恐不尽然，请讨论。"

沈君钧儒言："此案似不甚妥，可先付审查。"

刘君崇佑言："解散内阁系政治问题，非法律问题，此案第三理由牵入院章，殊不合。"

王君振垚言："此案只言理由，不言办法，是否为本会从前之主张？"

主席言："是从前主张。"

刘君崇佑言："鄙意此案可请沈君钧儒修正。"

主席言："甚好。如赞成沈君修正者，请起立。"

全体表决。

王君振垚言："此案与速定官制案合并如何？"

张君国溶言："官制案本包括内阁在内，然现在责任内阁亟宜速设，鄙人意我辈一面上书编查馆，一面提出资政院如何？"

刘君崇佑言："此案非编查馆权限内之事，不如提出于资政院。"

张君国溶言："不然，则用全体名义递呈都察院。"

刘君崇佑言："此却可行。"

王君振垚言："如呈都察院代奏，则此案须增改。"

沈君钧儒言："仍以专上资政院为是。"

主席言："沈君之说鄙人赞同。"

张君国溶言："提出于资政院未必即有效果，何妨先行提出，请政府早为豫备。"

主席言："似此则可双方提出，先上编查馆，后上资政院。"

孙君洪伊言："上编查馆不如上都察院。"

王君振垚言："此说甚是。"

主席言："如此则先上都察院，后上资政院。"

梁君善济云："本会各案，向资政院提出者甚多，恐资政院一例漠然视之，此种特别办法，鄙人赞成。"

沈君钧儒言："我们不过对资政院上条陈，多亦何害？鄙意可不必多此一举，盖都察院中人实无此担当也。"

汪君龙光言："上都察院与否须先讨论，此种文字恐不行。"

刘君崇佑言："此不过手续，无关紧要，请先后修正。"

主席言："一切可俟修正后再议。"

主席言："第三题系本会委任起草员蒲殿俊提出者，文字甚佳，可当场表决，无须交付审查。"

王君振垚言："案中言地方行政专限于实业、巡警、学务三项，自系据清理财政章程而言，其实度支部所颁地方行政经费册式不止此三项，恐当须改正。"

刘君崇佑言："部颁表册本不止此三项，原案似稍遗漏，可请原起草人增改。且案中所云第一解亦无甚著落，可否一并请其斟酌?”

主席言：“是否先行表决?”

刘君崇佑言：“修正后再决。”

主席言：“第四案，沈君钧儒起草，请报告。”

沈君均儒起言：“此案敝省曾经提过，因本会委任起草员与之相同，故略为增减提出。因述案内大意云云。”

王君振垚言：“此案甚好。然只为争公文体式一事，似可付于谘议局应行争议全案内，为一条件，无须另提。”

刘君崇佑言：“此系咨文，不在章程内，须另提。且馆电原有试行一年之说，宜速行提出。”

王君振垚言：“关于谘议局应争之事，凡咨文及电文皆在内，不尽在章程，似可合并为一全案。”

主席言：“此案根据馆电试行一年，再议删改，原文甚佳，请大家起立表决。”

全体起立。

主席言：“第五题系王君振垚提出，请报告。”

王君振垚言：“鄙人此案与主席历陈谘议局困难情形及公文体式案有一、二条相同，不过彼两案系拟上宪政编查馆，鄙人此案则系作为资政院议案者。因避烦琐，并各案为一题，凡九条。因报告案中大概情形。”

主席言：“此案理由极长，非当场所能研究，可先付审查。”

主席言：“第六系官吏久任案，此题为山东谘议局提出。”

刘君崇佑言："本会既提出速订官制案，则此案可不提出。"

张君凤瑞言："此案仍可提出。"

张君国溶言："提出固然可，然似此挂一漏万，国溶绝不赞成。"

主席言："此不过官规之一种，现既催速定官制，同时又提出此案，未免微有冲突。"

刘君崇佑言："如提出一订完全官规案，鄙人赞成，若只此一项，鄙人绝不赞成。"

蒋君鸿斌言："既已有官制案，则敝省此案可不提出。"

主席言："赞成不提出者请起立。"

起立者十七人。

主席言："第七案，请蒋君鸿斌报告。"

蒋君鸿斌起立，报告案中大意。

刘君崇佑言："铁路公司中本有检查员，又有董事会，如谘议局再举检查，未免重复。且董事会与检查员均由股东公举，似较局中所派一二人为优。且路既检查，则矿务亦须检查，推之各项实业，无不如此，未免太繁难。此案可不提出。"

孙君洪伊言："此案命意所在，恐系指津浦铁路局言。津浦路线本系官府与地方合办性质，现在已出之路，每里所需近四万金，自来未有如此糜费者。其余用人、行政等项，腐败已达极点。山东所言，未必非有鉴于此路而言，鄙人所见如此，与大家报告报告。"

主席言："就特别一路而言尚可，若以概全国铁路则恐不合。谘议局所举检查员，公司能否承认，此一问题。且实业等类不止路政，若概去检查，此事万难做到。”

张君国溶言：“此案于法律上太无根据，一则铁路公司谘议局无故干涉，于公司有阻碍；二则谘议局系议决机关，非执行机关，检查系执行事项，尤于局章不合。”

孟君昭常言：“此即隐指津浦铁路，可函知四省合商，不必提于联合会。”

主席言：“如赞成不提出者，请起立表决。”

全体起立。

主席言：“第八系山东谘议局提出之盐法案，本会前已议决，主张就场征税，破除引地，而此案则主张官卖，与本会所议反对，可不再讨论。”

刘君崇佑言：“前案既已成立，此案自然无效。”

主席言：“第九系中葡界务，陈君寿崇提出者。”

张君凤瑞言：“此案关系交涉，事不容缓，第陈请资政院恐不相宜。”

张君国溶言：“此案极重大，而案中所拟四条极其简单，未免稍差。”

主席言：“此案宜先通知原提议人，请其修正，并报告一切，再行讨论。”

主席言：“第十案系刘君崇佑起草，请报告。”

刘君崇佑言：“此通告书中请诸君讨论者：第一，书内四条是否妥协；第二，文字是否合宜。至法令公布规则，尚有一对中央政府提出者，明日交出。此篇所附者可先交审查，不必讨论。”

主席言：“既如此，则请专就文字上讨论。”

梁君善济言：“仍以讨论规则为是。”

王君振垚言：“此书及规则是上资政院立案，抑各于本局自行提出。”

主席言：“各于本局提出之用。”

主席言：“今日本当闭会，因重要议案未决者甚多，可否再延会几日。”

刘君崇佑言：“再延会二日如何?”

主席言：“大家均有处事，碍难久留，如赞成延会二日者请起立。”

全体表决。

主席言：“停止学堂奖励案，前经本会议决用福建案为本，加入山西余意，现审查长南旋，应由审查员中公推一人为修正员，鄙意拟请孙君洪伊任此役如何?”

孙君洪伊言：“此案何妨即用闽案，不加增改?”

主席：“请众表决。”

全体赞成。

主席宣布三十日开会。

六时散会。

《直省谘议局议员联合会报告书》，京师京华印书局1910年铅印本，第68～73页

联合会第一届第十次会员记事录

七月三十日，第十次会议，到会会员二十九人。

湖北常驻议员陈君登山来与议。

一钟，主席摇铃开会，宣读议事日表如左：

“第一，请组织责任内阁修正案（修正委员沈钧儒提出）；第二，陈请建议速定公布【命】令条例提议案（审查员报告）；第三，各省应提法令公布规则提议案（审查员报告）；第四，请根据章程确定权限解释修正案（修正委员蒲殿俊提出）；第五，谘议局章程应行增删修改提议案（审查员报告）；第六，商办铁路非经国会协赞不得为官有修正案（修正委员沈钧儒提出）；第七，速定中葡界约修正案（修正委员陈崇祖提出）；第八，《国民公报》第一次报告。”

主席言：“第一案系沈君提出，今沈君未到，可少待之。《国民公报》第一次报告为前次会议未决之件，似可提前讨论。《国民公报》发起于第一次国会请愿之时，现已出版，究竟原章应改定否。若认为本会所办，则本会应负其义务，今须讨论决定。”

刘君崇佑言：“鄙人亦《国民公报》组织之一分子，请向诸君报告。去岁到沪，各谘议局代表因种种问题，发生办报之说。到京以后，渐次定局，各省担任经费者计十三省，江苏、广东担任最巨，江苏任常年费一千元。尔时崇佑所主张者为办旬报，章程起草崇佑任之。崇佑归闽后，接代表团通知，始改办日报。此次到京，始知尚未出版，询其原因，实以经费尚未交足之故。此报关系本会前途之重，同人所共知，若使消灭，以后无论何事，皆不能办，岂不可惜。今宜先决经费问题，使基本巩固为是。”

张君凤瑞言："刘君报告甚详，担任法办法均当研究，且当研究一永久法。此报若以为由本会组织，本会担任之；若以为由代表团组织，本会当为辅助。"

张君国溶言："此问题当先论主体。试问主体发起者为何人？而发起者为代表团，代表团为谘议局人，鄙意自宜以各省谘议局为主体。至报费之亏折与否，全视报章之销路，销路畅则登告白必多，登告白多则经费不忧不足。且《国民公报》原定印字机器两副亦可以营业，所得为其辅助，故经费问题只问本年之能否维持，明年以后即可以收入资周转。今且先决章程是否可用。"

主席查取简章。

张君凤瑞言："简章必须研究之处，即在担任筹款一条，今先将此条议定，他项即易讨论。"

谷君芝瑞言："先定主体，主体既定，再论其他。"

王君振垚言："欲定主体，须先定《国民公报》之性质。《国民公报》之性质因要求国会而设，现今请愿同志会非尽限于谘议局一部分之人，故欲定主体，宜就其大处定之。若专限于谘议局，恐《国民公报》之范围转小，而负责任者无几也。"

主席言："以代表团为主体，同志会终有消灭之时，彼时公报主体安托。"

刘君崇佑言："今日无论代表团方面如何，但论我会如何对待。"

谷君芝瑞言："此事张君海若所言甚善，此报今已出版，但观今岁年底如何，万无久担之势。"

刘君崇佑言："此事但究其与我会有利否，有害否，则此问题即行解决，无须凭空理论。"

椿君安言："今不论主体，论主体则推诿。"

汪君龙光言："有主体方能进行。谘议局为固定的款，虽不能出公账，亦可由议长联络各团体筹之，总想一永久办法为是。"

张君凤瑞言："若照原章办理，将各省已担任之款交齐，似可敷用。"

张君国溶言："此事一方面为经济问题；一方面为主体问题。所谓主体，非吾数人为主，乃吾辈为其主动者。"

刘君崇佑言："今但问经济能担任否，能担则可为之主体，不能担则否。"

张君国溶言："我辈将现在算至年终不足之款，大家担任后，再行研究。"

张君凤瑞言："现今至年终尚须钱几何，应有豫算。"

张君国溶言："就豫算表观之，尚须一万元之谱。"

刘君崇佑言："目前宜算到明年六月为止，到彼时由明年联合协议，惟各省担任之款或有不足，或不能如期交付，致报馆生危险之虞之时，应许常驻干事有自由限动之余地，总以不使《国民公报》四字消灭为第一义。"

主席言："同人所讨论者，无一不主张由本会维持该报，本会员(惟)【维】持之责任，自有担任经费之义务。同人所虑者为经费缺乏时报馆或至消灭，故但使可以维持公报之成立，常任干事可以有自由活动之权，质言之，即遇经费不足时，常任干事得自由募捐，或招股以济其用，总以使《国民公报》四字不消灭为目的。同人之意是否如此，若如此，请起立表决。”

全体起立。

主席言：“报馆既由本会担任，照章应举干事。”

张君凤瑞言：“干事资格如何？”

主席言：“能住京而能干其事者方可为干事，可投票公举。投票毕，开票，孙君洪伊得票二十四张，孟君昭常得票二张，刘君崇佑、主席各得票一张，孙君洪伊得票最多当选。”

汪君龙光言：“薪金亦必当议。”

孙君洪伊言：“鄙人今被举，窃有一言，干事为联合会所举，立于报馆之外，对于联合会当负义务，不得有薪金。”

主席言：“大家以为宜有薪水，不可辞。薪水之数每月三十金，赞成者请起立。起立者二十八人。”

张君国溶言：“厚待干事即厚待联合会，然款交不到，干事薪金将如何？”

罗君杰言：“去年鄙人尝提议各谘议局将公费百分之三或百分之五划出，寄交充之。”

刘君崇佑言：“罗君所言极是。谘议局正项决难动用，总由议长及常驻议员身上筹之。鄙人前此曾与敝省议长谈即如此，议长甚赞成。闽省今年已筹出千余元，明年即赓续照办。”

主席言：“未认款省份，今日可认款。”

汪君龙光言：“江西谘议局认五百元，且云得本省信，可认九百元。”

张君之霖言：“云南谘议局认五百元。”

汪君龙光言："本会通信，各省谘议局当有效力。"

刘君崇佑言："已交款省份，能否增加?"

主席言："此自由，各局之热心似不能相强。今日至过六钟，此问题已结，他议题更难讨论，明日延会一日如何。"

众赞成。

六钟半摇铃散会。

《直省谘议局议员联合会报告书》，京师京华印书局1910年铅印本，第74～77页

联合会第一届第十一次会员记事录

八月初一日，联合会第十一次(开会)【会议】，到会会员二十人。

二时摇铃开会。

主席言："今日所议均系继续昨日未议完各件。第一为组织责任内阁修正案，据修正员沈君在办事处报告，该案无可更易，惟拟删去第三条。伊现已旋浙，不能当场报告，究竟此案如何，沈说可否成立，请讨论。"

刘君崇佑言："此案题目甚大，原案文字既极薄弱，而修正员又去其一，恐更简单。"

孙君洪伊言："此案本会提出，本意原为资政院开院后无一适当机关与之对待，对于君主恐伤君主尊严，对于现政府则一盘散沙，无人任责。本会拟题之始，原拟请资政院开院之始，由议员提出此质问案，起草员未能领悟，故文字不完善。"

主席言："初意本如孙君所言，雷君既误会，沈君又未加

改正，故至如此。”

孙君洪伊言：“此文与原意大相径庭。”

主席言：“此案如此，是否废弃，拟另(相)【想】办法。”

孙君洪伊言：“可再行修改。”

左君学谦言：“责任内阁系与国会对待，国会未开，此案可不提。”

张君国溶言：“责任内阁在官制中最关重要，可否将此案与从前官制案合并。”

王君振垚言：“此本宜合并，鄙人前会曾经提及此，在官制案中可作为第一条件。”

刘君崇佑言：“两案合并，可请王君振垚起草。”

众赞成。

主席言：“第二法令公布案，系刘君崇佑修正，请报告。”

刘君崇佑报告原案大意。

王君振垚言：“此系中央政府公布法，恐案中所言太简单。”

刘君崇佑言：“此案本会员本主张用成文法，因孟君昭常主张此系备宪政编查馆采择，故少略。”

张君国溶言：“此案总以作一完全成文法，上之宪政编查馆，请其采择为是。”

李君文熙言：“此可不用成文法。”

王君振垚言：“若用成文法，此案不合体裁；若用不成文法，则可痛陈法令不公布之积弊，与现在各国官报公布之利益，纯说理由，不必代定规则。且原案条件中生效日期采用十日，未审果何所据。”

张君之霖言：“王君意甚是。”

张君凤瑞言：“此案总以上资政院为是，先上宪政编查馆恐无大效。”

刘君崇佑言：“此案系主张法令登载官报，以揭示补其不逮，实为今日所必要。不如此则法令生效力之期不明晓，法令永无施行之日。”

孙君洪伊言：“法令取官报法，再由谘议局补助，代之宣布。”

刘君崇佑言：“谘议局非行政机关，不能补助宣布法令。”

李君文熙言：“此案可以如王君说，只说理由取何主义，不必细讲。”

王君振垚言：“各国自用官报法，将从前各种公布法均不采用。现此案既主张官报，又用揭示，是知官报之效力不能普及。鄙意以为，应加入公文传达一法，方为稳固。”

主席言：“王君主加传达主义，有何理由。公文传达与官报登布两法本不相容，传达法必先达督抚，再转各官厅，与法令须直接及于人民之原理不合。至本案兼主张揭示者，因现在人民程度，官报必难普及，不得不用此迁就之法。更添入公文传达一层，似无可取。”

王君振垚言：“我国督抚一级为各国所无，公布经过此级并无不合法理处。本会员因向来官报无法定之公式，人民习惯又多视官报如平常，故拟用传达法补助。若果将官报规定明白，可保其生直接效力，则本会员固绝对地赞成也。”

李君文熙言："官报、传达不能并行。"

孙君洪伊言："官报主义本均赞成，不过恐官报无实效，故有保存传达法者。而传达法用，则官报更不能生效力，故目下只好定一官报公布法，将原案文字略加修正。"

主席言："赞成原案稍加修正者，请起立。"

起立者十五人。

主席言："各省法令公布规则，请刘君报告。"

刘君崇佑言："此案本与前案相关联，从前曾经报告。因力言官报登载与揭示之种种利益，大(至)【致】不外通告书中所云。"

左君学谦言："此事可无须讨论，各省情形不同，尽可变通。"

张君国溶言："此不能不讨论。本会既取一致行动，不先解决，将来如何行动。"

王君振垚言："若取一致行动，须俟全案表决后方可。"

刘君崇佑言："此非一成不易者，各省斟酌情形，尽可变通，不过此系为各省谘议局中共通利益起见，大致总不能异。"

王君振垚言："此案第四条有应行追加公布之件，若限期已过仍未公布者概作为废止等语，若有由中央颁布之法令，如田房税契等事，本不在督抚权限内者，应如何办理，恐一概作为废止不能行也。"

刘君崇佑言："此系专指地方行政而言，如不明，可酌加数字。"

主席言："此可请大家议决，然后通告各省，再酌量情形变通。赞成者请起立。”

全体通过。

主席言：“第四，请根据章程确定权限解释修正案，系蒲君殿俊修正。此案原已议决，用文字与现行制少有抵触，故请其修正。现已一律改正，与原议不背，应毋庸再行表决即为成立。”

主席言：“第五，谘议局章程应行增删修改提议案，系王君振垚提出，请王君报告之。”

刘君崇佑言：“此案所提有与从前议决重复者，应如何。”

王君振垚言：“前之有案如汤、蒲两公提出，均系上宪政编查馆者，至沈君之公文体式案，又纯似对于浙抚提出者，与鄙人提案性质不同。”

主席言：“蒲案系上编查馆后决议，对于资政院亦可改用原文呈上，鄙人与沈君所起草者则均拟提出于资政院，早经会议取决。”

孙君洪伊言：“无论呈馆呈院，均须一致，王君案理由甚好，请逐条讨论。”

王君振垚言：“汤君案以体裁论，应上编查馆，鄙人所提案应上资政院，前会早已声明。至其重复者只有一二条，鄙人以为凡于谘议局事，应成一完全议案，不宜枝节为之，似可采其理由较长者取用。”

主席言：“王君此案鄙人(与)【于】组织上略有(拟)【疑】问：第一，法律、命令区分之大纲能否合于理论；第二，公布法系单行法，何以混入章程；第三，既请定批答期限，又主张常驻议员覆议，似觉略有冲突。”

王君振垚言：“法律指章程而言，命令指咨文及电示而言，有何不合理论。但以组织而言，本会员并拟将题目另行改定，不止此小小分类，此在本案中不成为问题。至公布一条，本以章程中有呈候公布施行事件，故以论及，有何混入之有。若谓既定批答期限，便不应常驻议员覆议，然则督抚果能按期限批答，而批答后果能于闭会前议完，绝无与于常驻议员之事乎？此观本案中所主张之理由便可明白，不惟无所冲突，且能使相济相成也。”

左君学谦言：“第一、二条，蒲君案似可包括。”

张君凤瑞言：“小不可以包大，少不可以包多，此案大而蒲案小，此案多而蒲案少，蒲案不能包此案。”

张君国溶言：“此似可归并蒲案。”

王君振垚言：“蒲案系单就职权一事为抽象的，此案系就谘议局各事项为具体的，如何能以归并？”

刘君崇佑言：“地方自治会经费，谘议局本不能与议，何以王君亦牵入其中？”

王君振垚言：“谘议局本为省会，与各国府县制不同，部章始终未认省为自治之一级，此系就有自治而言，若各州县自治费自归各州县议决，本局又何从与议也。”

刘君崇佑言：“文中明言奏定自治无章程，现在奏定自治章程只有府厅州县、城镇乡两种，王君之意与文实有歧义。”

张君国溶言：“认谘议局为自治，于法理、事实均不合。”

王君振垚言：“谘议局本为省会，省会不能为自治，乃有何说。”

主席言：“王君此案，所有豫算范围著意在除其性质纯属国家行政经费外数句，然不能无疑义。试问除国家行政外应有几种是地方行政经费？”

王君振垚言：“此层系因现在地方税、国家税未划清，若用列举，恐政府反有所藉口，故取概括。”

孙君洪伊言：“此条第二、三层无可讨论，第一层恐非先定官制统系与将国家、地方税分清不可。”

主席言：“鄙人对于豫算问题深颇有完全之议案，如王君案所云，蒲君案渐可概括。”

王君振垚言：“请细看蒲君案，伊系专抱本省二字泛论谘议局之权限而言，此系豫算议决权专案，并不能包括。”

李君文熙言：“此案可否交资政院民选议员在准备会中提出，此时会期太长，人有倦意，似可不讨论。”

张君国溶言：“此案若另提，甚为赞成，然须研究内容，能列举条件方可；如仍取概括，则不如仍用蒲案。”

王君振垚言：“列举甚好，但部定范围甚狭，故本案不取列举主义，以留力争地步。”

左君学谦言：“豫算权限不能列举，可以归并蒲案。”

王君振垚言：“蒲案本泛论职权，不专为豫算作案，若归并之，则此会期中便无豫算案。若能将此案提出成一独立案，鄙人固甚赞成。”

主席言：“此案可缓论，明日再议。”

张君凤瑞报告办事处庶务部出入款项。

刘君崇佑提议："明年庶务主任仍推直隶，通信主任拟推湖北。"

众赞成。

主席言："本届会期所有议决各案托直隶谘议局代呈资政院，其报告书则由办事处刊发印刷，限五百部。每省分致报告书十册，会员各一册，余存本会。"

众赞成。

主席宣告明日延会一日。

七时半散会。

《直省谘议局议员联合会报告书》，京师京华印书局1910年铅印本，第78～83页

联合会第一届第十二次会员记事录

八月初二日，直省谘议局议员联合会第十二次(开会)【会议】，到会会员十五人。

二时开会。

主席："汤化龙因要事请假，公推陈君登山为临时代理主席。"

主席报告："今日系继续讨论昨日未议竟各案，第一系关于谘议局章程增删修改案。"

谷君芝瑞言："此案可逐条讨论。"

王君振垚言："鄙人此案第一条已经自行删去，可毋庸议。第二条系关于豫算事项：第一，因谘议局原章议决本省岁出入事件范围本极广大，嗣部颁豫算册式将各项经费多归入国家行

政，而于册后别标地方行政经费一门归谘议局议决，此一门中又应归地方而不归地方者甚多。现在部中范围太大，而局中范围极小，故急须请其确定。第二，豫算事项先由督抚报部，再由部中核毕交谘议局议决，江西议案曾驳其非，鄙人极赞成，故推演其义而著为专条。第三，豫算有岁入无岁出，适足为督抚作弊之地，故鄙人极不主张。请大家详细讨论。”

孙君洪伊言：“王君意见本会员极赞成，惟须另提一案方好。”

王君振垚言：“另提一案自佳。”

谷君芝瑞言：“另起草无此功夫，此案虽不完全，然有终胜于无，不如即将原案提出。”

高君炳麟言：“关于局章，各省之案甚多，本会合并起草，所草之案多有不满意者，如王君之案，鄙人极赞成。据鄙见，不如将从前汤、刘所有者与此合并，前所无者另提。”

谷君芝瑞请主席表决。

孙君洪伊言：“何妨先将前后两案逐条比较一次。”

高君炳麟言：“豫算可另提一案，如能有大文章更好，否则用此。”

主席言：“赞成此案独立者，请起立。”

起立者四人。

谷君芝瑞言：“大家既不赞成独立，则必系主张照旧，仍请讨论。”

孙君洪伊言：“此案是一定存在的，而王君此文并未将豫算列举，将来必须另作，应先讨论一标准。”

谷君芝瑞言："局章之标准即为标准。"

主席言："第三次公断法，请讨论。"

谷君芝瑞言："此不过质问的意思，闭会在即，总以从前通过为是。"

主席请表决，起立者六人。书记起，质此案是否作为可决。

张君凤瑞言："现据在座人数，已过半，即作为可决。"

谷君芝瑞言："第四已有前案，可删去。"

主席言："第五次批答期限，请讨论。"

左君学谦言："此案从前已有，可将七日期限加入。"

主席言："赞成加期限者，请起立。"

起立者七人。

谷君芝瑞言："第六延长会期，大家是否赞成。"

高君炳麟言："赞成。"

主席请表决，起立者九人。

主席言："馆电系少数人所发布，不能认为命令，原案强分法律、命令为二，似可删。"

王君振垚言："可删去。"

谷君芝瑞言："公文式，想无可讨论，请大家赞成。"

众可决。

谷君芝瑞言："第八项是覆议问题，请讨论。"

张君凤瑞言："此案从前曾议决。"

高君炳麟言："此议编查馆考察宪政员到皖时，伊允回馆主持。"

李君文熙言：“覆议一事，甚赞成。”

高君炳麟言：“覆议系旧案，并非另提新案，与鄙意甚合。”

主席：“请表决。”

起立者十一人。

谷君芝瑞言：“第九条，大家赞成否？”

众云：“赞成。”

张君凤瑞言：“可合并。”

蒋君鸿斌言：“此案合并，既不可用汤、刘二君，又不可用王君，应请陈登山君修(理)【正】。”

众赞成。

主席言：“中(蒲)【葡】界务案已由陈君修正，应如何讨论。”

大家均赞成取消。

主席言：“国会代表团交来函一件，系因时局危迫，同人拟提前请愿，于十月各局闭会后，各选代表来京。请诸君讨论。”

谷君芝瑞言：“现在外患既迫，而政府现在似又稍有动机，若待明年，必缓不济急，此议本会员极力赞成。”

主席：“请表决。”

全体起立。

孙君洪伊言：“现尚有对大家报告者，代表团此时公议日内先上政府一书，九月再对资政院上一书，如此两者皆无效，再请各谘议局闭会后一齐来京，不过期限请公定。”

谷君芝瑞言："十一月初一如何？"

大家赞成。

谷君芝瑞言："本会各种议案已一律议毕，陈主席可归告汤主席，定一日期作为正式闭会。"

主席言："可。"

六时半振铃闭会。

《直省谘议局议员联合会报告书》，京师京华印书局1910年铅印本，第84～86页

联合会第一届第十三次会员记事录

八月初四日，第十三次会议，到会会员二十四人。

资政院议员江苏方君还来与议。

一钟摇铃开会。

主席云："今日闭会应讨论会中善后一切事宜。议案可决者，或有冲突，如何处置。明年本会应如何办理，请诸君讨论。"

刘君崇佑云："鄙人与主席前次告假，未出议场，所有议案是否全数议决。"

张君凤瑞云："请临时主席报告。"

陈君登山报告："前次开议，人若无多，所有议题亦未全行议毕。"

刘君崇佑云："请定中葡界约案及对付豫算办法两问题最重要，是否议决？"

谷君芝瑞云："未议。"

主席云："豫算对付方法既未议，应先讨论。此对待方法业已油印，想皆阅过。惟原稿五条外，孟君昭常尚增加一条，为第六条，未经印出，与前数条皆共同一致之行为。大家议一一定办法，亦本会之结果。请孟君报告。"

孟君昭常报告所增之第六条云："于豫算案以外，遇有谘议局认为应归地方行政，而督抚列入总册作为国家行政者，或并不列总册者，应要求督抚添入豫算一案，一并交议，不得请电达资政院判断照办。"

张君凤瑞云："现在资政院将开，如不急求对待方法，以后恐晚。"

刘君崇佑云："度支部所定章程，各省豫算先交部核，系对待督抚，非对待谘议局。与谘议局无妨，我即不必过问。"

主席云："交豫算之手续别为一问题，今日所研究者，不交出或交出不完全，种种对待问题，大概所拟六条方法已备。赞成者请起立表决。"

起立者二十二人。

张君凤瑞云："豫算案督抚不交出，如不早设法，将来能办到否？"

主席云："豫算案不交，今日尚无明文，不过我辈所预想如何先能对于政府设办法。"

张君凤瑞云："豫算案不交出，宜先催之；倘不先催，事实上恐有贻误。"

李君文熙云："我辈但想督抚交案对待方法如何，不交，对待方法如何，先时毋庸遽向政府要求。"

席君绶云："事实发生，恐其迟误，故于事实发生之前，先设对待之方法。若早向政府言不交则如何对付，政府今日本无不交豫算之文，岂非无理取闹。"

张君凤瑞云："若以为有害，可另为问题。"

主席云："此均出于问题之外。"

主席云："中葡界约修正案修正委员陈君寿崇已返粤，可否提出讨论？"

孟君昭常云："陈君修正此案，只就原案略加改正，意思安在。"

刘君崇佑云："此问题甚重大，草草通过恐不得当。"

谷君芝瑞云："此问题甚重大，今且闭会，可暂不提。"

刘君崇佑云："此问题可通告广东谘议局详细调查，调查后起具完全议案，再行通告各谘议局研究办理。"

主席云："此案重大，刘君所言甚善，可请广东谘议局详细调查通告再办，如此则重大问题不致有误，亦不致抛荒。赞成者请起立表决。"

全体起立。

主席云："谘议局章程应行增删修改案是否通过？"

陈君登山报告："前日议此案时业经可决。"

刘君崇佑云："前日解决案与前此各案有冲突者否？"

谷君芝瑞云："前日议决之案，为前案所无有者，用后案补助。"

刘君崇佑云："常驻议员覆议，前第某次会议时否决，而此案可决，一会期中语言意思互相矛盾，实难赞成，且公断必定方式，尤为反对！”

主席云：“公断必定方式，误在以英国会之可以为裁判所比中国谘议局，于法理不合。至云谘议局有公断而无和解，于事实不合，鄙人亦不赞成。”

刘君崇佑云：“谘议局非裁判所，无强制之权力，安能独用公断而无和解。”

张君凤瑞云：“王君原意不如此，请略为解释。其意非欲以谘议局为裁判所，乃因困难而为质问也。”

刘君崇佑云：“公断手续，章程本有明定。”

孟君昭常云：“公断归于议决，议决方式本不待请定，谘议局章程已有。”

谷君芝瑞云：“公断手续、方式本无定章。”

刘君崇佑云：“奏定自治章程已定明，可取阅也。”

谷君芝瑞云：“毋论其未有，即有之，亦不足为据，非再请定不可。”

主席云：“公断原非绝无问题，惟其方式、手续原可以议事细则定之，似可不必请定。且据张君凤瑞之言，拟以此质问，则原文亦不甚合。”

陈君登山云：“前日原有文字不妥改正之议。”

左君学谦云：“今日正式闭会，原期完全美满，文字可用者仍之，不可用者修正之。”

陈君登山云：“前日所议，即是如此。”

蒋君鸿斌云：“请仍照前议，请陈君修正起草。”

席君绶云：“关于各省利害，必须和衷共济，仍用此题目另行起草如何？”

蒋君鸿斌云：“此案可由陈君自由修正。”

主席云：“如此亦可。”

众无异言。

主席云：“今日闭会，请诸君讨论明年本会如何？”

高君炳麟云：“今即闭会，请主席将各案整理。”

主席云：“鄙人自应任其事，然事实上实不能留京。”

谷君芝瑞云：“主席既不能留，请委数人担任。”

主席云：“请陈君登山任办事处主任。”

众无异言。

谷君芝瑞云：“通信部既轮办庶务，亦当轮流办理，否则久必生弊。”

主席云：“此事前已提过，明年庶务主任仍归直隶。”

刘君崇佑云：“同人明年会期来京，如赁一所大房院，大家同住一处，就近商酌一切，意见自然相同。”

张君凤瑞云：“能近会场更好。”

众无异言。

主席云：“如此，可速通告。”

刘君崇佑云：“吾辈各照章按时通信、覆信方好。”

张君凤瑞云：“庶务部事办结，即交通信部收发为宜。”

主席云：“收发应归庶务部。”

张君凤瑞云：“此后各件交于何处？”

主席云：“交直隶谘议局。”

张君凤瑞云：“各议决案上于资政院用如何格式？”

主席云："待资政院议事细则出后，再查照办理。"

谷君芝瑞云："上书是否由直隶谘议局?"

主席云："还求直隶任之。"

张君凤瑞云："款项除开支外，其余归何处收存?"

主席云："亦归直隶谘议局收存。"

谷君芝瑞云："各省未交款项应由何处催交?"

主席云："此事由联合会函催，办事处撤销后由主任部催促。"

高君炳麟云："所有提议各案，各省均寄一份，今查何以未寄?"

主席云："从前议案印出者多有用尽，以后者尚可检寄。"

高君炳麟云："请补印。"

主席云："补印须多用人，甚不易办。"

六钟振铃闭会。

《直省谘议局议员联合会报告书》，京师京华印书局 1910 年铅印本，第 87～90 页

附录　直省谘议局议员联合会议案汇录

陈请申明资政院范围议案本会委任起草员张国溶提出

为陈请申明资政院范围，以确立议院基础事。

窃今海内外人民奔走号呼，旦夕请求开设议院者，诚以立宪之国，必确定议决机关，而后执行者乃有所守。资政院非议院之组织，即不能有议院之精神，惧将为各省之谘议局决议者终无效力，公布者多难实行，卒之有议决机关与无议决机关等。故立议决之机关，必先完全之组织也。屡奉圣训，国会开设无缩短之期，而以资政院为议院之基础。议员等经过困难，虽云已事，深维资政院之范围有不能不为贵院陈请者。

伏读先朝明诏及去年七月初八日上谕，均以资政院为上下议院之始基，钦定资政院章程第一条即声明取决公论，预立上下议院基础之宗旨，是无论开设国会将来缩短与否，而今年资政院开院，即为我国确定立宪之根据，可断言也。立宪国家虽分三权，实只议决、执行二事。议院为立法机关，专司议决一切，司法、行政两机关，专司执行。今资政院得为议院与否，资政院议决事件五项，得如各国议院权限与否，姑不具论。恭读本年五月二十一日谕旨，一则曰参预立法，再则曰议院基础，三则曰议院精神，是资政院虽非国会，而实具有完全立法性质。

查广义之法律，包含法律、命令二种，而议决之事实，盖兼具有参预及承诺二种。我国豫备立宪以来，编订法律，颁行法令，皆在系有议决之机关，前徒未分，推行多阻。贵院为参与立法之地，即具有事后承诺之权，必如此而始得为议院基础，始可振议院精神者。征之先后谕旨，不得不请申明范围者一也。

再查改设宪政编查馆原案，宪政编查馆系仿各国政府附设法制局之制，冀纯一法制，而付议院议决。其原奏内称，臣馆职司编制，应一面调查各国宪法成例，拟订草案；一面于各部院、各省等订各项法制，悉心参考，渐谋统一方法，俟资政院设立后，随时将臣馆核定之稿送由院中陆续议决。盖一司编纂，一司赞定，庶政府尽提议法案之责，而国民有参与议决之权，立宪之基将由此以巩固等语。光绪三十三年七月十六日业已奉旨依议。是议院未开以前，人人误会宪政编查馆为立法机关者。资政院既开，宪政编查馆之地位主司编纂，资政院之地位责在赞定，不待言也。资政院赞定之范围，以宪政编查馆所编纂之范围为范围，不待言也。今资政院章程第十四条三、四两项，虽为具体之列举，然四项但书指明宪法不在此限，则宪法以外之法律，均须资政院之赞定可知。实具有抽象意思，国家何事不经法制，即何一不经资政院赞定。国会未开，专恃贵院为完全统一之计划，征之宪政编查馆原案，不得不请申明范围者又一也。

各省谘议局议决本省单行章程规则载在定章，去年开局，已往之单行法督抚既未提出，现定之单行法又多不经谘议局通过，议员等受毛举细故之讥，行政官无完全遵守之则，影响所届，悉然共忧。贵院为全国议决之枢机，为将来议院之根本，若不预行申明范围，而仍犯毛举细故之嫌，全国人心将何所恃。议员等希望国家不避越俎，以为参政权之起点实系乎立法权之范围，为此联合会陈请贵院申明范围，以确立议院基础。须至陈请者。

谘议局联合会陈请资政院提议请速开国会提议案

为陈请提议，请速开国会，以救国亡事。

窃直省谘议局议员去年联合上书，请愿速开国会，未蒙圣允。今年各省绅商、教育、政治各团体，以至海外各侨商，云集乌号，相率而继续请愿。圣明不察，仍守宣统八年开立国会之成命。海内外人士奔走呼号，终持国会不开，国亡不救之见，又将准备上书矣。议员等详究此事，深维将来外患内忧，日易月异，将死未死，不敢缄默。其国会不可不开之理由，关于宪政上，法律上，教育上，实业上，种种方面，为前二次请愿所先陈，可不复殚述。谨就本年五月二十一日谕旨，参之数月以来人心时局，见闻所及，披沥陈之。

伏读五月二十一日谕旨，仍谆谆训以九年立宪者，主要有四：曰宪政筹备未完全，曰人民程度未划一，曰资政院为议院基础，曰议院不能参预一切。前三者第二次请愿书已反复言之，而圣训仍云然者，自系出于郑重立宪之深心。然议员等犹有说焉。

所谓筹备宪政者，非指立宪政治则已，如系立宪政治，必先定立宪政体，而后政治乃得以理。立宪政体虽根原于三权分立，然司法、行政两机关，无论国家政体如何，此作用均不可少。若无国会，则无立法机关，即亦无所谓豫备立宪。然使立法机关不独立，而宪政无以筹备完全，则国会永远不开，亦不妨留此政体。乃今观之，中国现情所谓审判、巡警、教育、自治诸大端，或椎轮伊始，或初设维艰，虽朝廷按期责效，而空文具报，诚如圣训所谓未完全。夫此数大端者，非立宪所始有事，乃至豫备立宪而竟不能举，则无完全法律以俾之执行，而又无完全法律定之监督机关以迫之执行也。然此犹曰财政支绌，执行匪易也。筹备原单，编订法律章程，各省定限自治，为立宪初基，何以每届颁布年限必于十二月上奏？官制为行政根本，何以去年应行厘订者，至今日尚待起草？此其故匪由于人才之不足，必由于改革之碍难。虽夫无完全法定独立机关，而编定法规延缓窒碍如此，又何惮而不早设完全立法机关？故议员等以为，筹备宪政未完全，由于立宪政体未确定，立宪政体非速开国会不可也。

若谓人民程度未划一，必俟诸九年，则此九年中必筹一完全划划一之方法。今筹备清单只期人民多数识字而止，以此推之，后此六年并未颁定人民有如何之程度。且欲增进程度，必赖完全教育，今日教育根本困难，诸多问题均待解决，非萃人民全体之知识以解决之，则人民程度永无增进之日。况所谓程度者，果以何为标准？若必人皆圣贤，则古今中外无此历史。若谓人民系对于官吏而言，今日人民程度不及官吏，以此为划一之准则，必人人皆达于今日官吏之程度而后谓划一，则必使全国非官吏者人人皆有官场之习气，而后可谓之人民有程度，朝廷又何乐而有此在朝在野不能完全筹备之全国人民。若谓人民系立宪国所谓对于君主者而言，包含官吏于内，在位在野均未划一，则莫若合全国之人民，选举其优者以与闻国是。议员等以为，专制之国，仅恃一二圣贤，立宪之国，则尚普遍之知识。因在野人民程度之未划一，而选举就全体人民中选举其优者以与闻国是，此代议制之所由来也。因在朝人民程度之未划一，而选举其优者，畀之以代议之权，而实行其监督行政之事，此代议制监督政府之所由昉也。又况国会不开，教育不能发达，人民永无增进程度之日。故议员等以为，非速开国会不可也。

若谓资政院为议院基础，实又不然。无论其性质，其组织，绝不相似也。以法制言，议院为独立机关，而资政院不然；以效力言，议院议决之案经君主裁可，大臣副署而实行，而资政院不然；以责任言，议院议决案对于负责任者为内阁，而资政院不然。资政院以不能独立之故，而丧失其议决之效力，于此而负其责任者，惟吾皇上一人为全国怨毒之府。大臣善用其趋避之术，而以国家大难多方诿卸于一人之躬，律以善则归君，过则归臣之古训，容或不然，而按之立宪精神，尤允无一当者也。故议员等以为，资政院与议院居于反对之极端，实非基础之豫备，欲豫备立宪基础，非速开国会不可也。

至谓议院不能参预一切，此尤壅蔽圣聪之言。立宪国虽具三种机关，实只议决、执行两大部分事。执行机关为司法，为行政，议决机关只有议会。以议会立法言之，则除日本钦定宪法外，无论何项法典暨其他法律，无一不经议会议决而成，各国皆然，历史具在也。以议会参预一切言之，则如议决豫算案，如事后承诺，如质问上奏，弹劾受理，东西各国，此项参预权莫不畀之于议院。此外如军政、外交，虽有为君主之特权者，然欧西各国亦多有经议会协赞者。盖议院而不能参预一切，则议决权内之一大部分将无所属，而议决之执行终亦必以无监督故而失其效力。我皇上不欲守先皇帝之遗诏豫备立宪则已，如欲立宪，宜速开国会，选全国之优于聪明才力者，与之议决全国一切大计，不宜听信少数壅蔽之言，割裂议决之事项，枝枝节节而筹备之，以为议院于立宪无大关系，国会不必速开也。

议员等以为，筹备一切，非速开国会不可。

议员等窃见数月以来，人心惶惑，如赤子之无依。道路传语，愈谓朝廷以筹备之空名，掩天下耳目，而实行其专制之政。关怀国是者相与咨嗟流涕，谓朝廷迟一日立宪，中国早一日丧亡，或议抗租，或反对新加税，以极愚违法之为，冀圣明之一悟。此虽因误会而生违议，亦我皇上实行立宪之心，尚未昭然大明于天下也。又其黠者，主张革命暗杀之流，传染浸淫，日益以甚，暴裂横决，匪所敢言。此辈岂尽无良？而其言既不见信，又无地以相容，不得已变爱国之余忱，为戕贼之手段，虽穷搜尽杀，势不可尽。诚毅然即开国会，以国家一切大计公之人民，其优者既得有所凭藉，以发纾其所怀抱，其显然违犯者，为一般舆论所不容，则亦渐焉相率变其违法之举动，而融洽于范围之中。故议员等以为，正人心非速开国会不可也。

夫一国之政体，由一国之历史而成，而一国之政策，因一国之时势、地理而异。专制之政体至今日而何以划除殆尽，立宪之政体各国何以有君立、民立之不同，联邦列州之组织又何异于单独国，此类均必有特别之事实存在也。全球交通，优胜劣败，大圣不世出，故必选全国人民之优者以谋定一国之大计，决定进行之方针，东西各国大概然也。中国当筹备立宪之初，荦荦大者均未计及，集上下臣工纷纭于挂一漏万，如所谓数十宪政者，而筹备尚不能举，亦可见少数人之聪明才力其不能拨乱而反之正，彰彰明已。证以中国之历史、之时势、之地理，今日国家大计进行政策何在，草野未能深晓，而中央集权即中央集钱之说，已喧传于内外人士之口，此种政策且无论其臧否，而事实发生已有不可解决之问题。

夫一国政事，均视财力为弛张，大而国家，小而地方，其道一也。今日中国财政之支绌，经各省监理财政官之报告，暨各省督抚之豫算，现势既已如斯，以云节流，而裁减之法寄之何人？以云开源，则开拓之策为之何所？国家税、地方税何自而分？豫算案、决算案关于国家者何自而定？关于各省者以何为范围？各部分立，向无统一之机关，一部员司，岂具万有之能力？各国以财政为国家命脉，因防少数专横之弊，相率而采用代议制度。中国亦以为代议制之必可行也，而必欲得此少数者之结果决定一切之后，而始用代议制。过此以往，富于地藏者，既不能为源源之取求，而流通于地面者，日减一日，百举既废，万国均觇。内而封疆大吏束手待(弊)【毙】，其极也将以兆疆域分裂之祸；外而强邻环伺，要挟多端，其极也不至于实行监督财政不止。然则，不开国会集全国人民之聪明才力以速解决国家大计，日目危机，不为中国历代末年之割据，则埃及、波兰、印度、高丽之续耳。议员等非丧心病狂者，而讵忍语此，然而势之所趣，固虽欲掩饰之而太息于无从也。而反对立宪者，则将以财政支绌为破坏宪政之理由，此如病者已极危险，尚有一法几希挽回，庸医不知此法之谓何也，主张不药而坐视之死，此其至愚极陋，岂待明者而后觉哉！今日之外患内忧，逆计如此，长此纷纷，变象胡底？故欲救国，非亟开国会不可也。

议员等为各省谋幸福，守局章之范围，以国家将亡，地方何在，同筹共计，以为舍速开国会一策，无以为立宪之计划，即无以拯国家之覆亡。国会开洵不足以竟其功而臻郅治，然振衣必挈其纲，谋国必其有本，舍立宪之根本而曰筹备宪政，而筹备复不能完全，且其势亦必不能臻于完全，则所谓竟全功而臻郅治者，议院不开，允不足以致之。诚非开国会，确立立法机关，俾责任有所专归，执行不敢粉饰，按期责效，或可渐臻上理。时至今日，存亡之机，间不容发，愚者一得，乌鸣也哀。道不定，罪可无道。应请提议速开国会，以救国亡。须至陈请书者。

代表团提交谘议局联合会议案

拟请不开国会，限制民选资政院议员不得承认新租税，各省谘议局议员同时辞职案。

国于地球上，不言宪政则已，一言宪政，则权利义务不容有毫发轻重于其间。此世界之公理，先进各国莫不恪守斯义，独吾国不然。此代表等所为奔走呼号，旦夕亟亟于速开国会也。乃自入都以来，已数阅月，两次请愿，仍无效果。而其间风云瞬息万变，时局阽危，日迫一日，英、俄荡摇西藏，法兵侵入滇边，俄兵深入库伦，德人增兵青岛，葡舰占领横琴，英人进兵西藏。近复有日俄协约出现于世人眼簾之上，以二三年平和协商条文，而取我祖宗发祥数万万方里之地，且进而窥我长城以南黄河以北之领土，此真旷古未有之奇局，为世界侵略史上别开生面，而足供世人之研究者也。然此犹曰外患也，若夫广东有新兵之变，广西有革党之变，湖南有饥民之变，山西有交、文之变，东省有马贼之变，山东有莱阳之变，安徽有宿州之变，新疆有回民之变，蒙古有边藩之变，以及湘、鄂、皖、粤、江、浙相继告灾，乱事接踵，一波未平，一波又起。吾国今日譬诸燕雀处堂，亡无日矣，火炎崑冈，玉石俱焚，一旦祸发，虽在亲贵，岂能幸免？政府诸公苟有肺肠，宜何如震动，恪恭联合朝野上下，力图挽救。乃环顾盈廷之上，豺狼当道，狐狸塞途，内外大小臣工，凡百举动，无不假新政以朘民肥私。吾民有义务而无权利，朝廷专制之毒，迄于今日至矣，尽矣，无以加矣。代表等受父老委托之重，绵力薄材，弗克胜任。贵会结合法团，信用大著，对于斯义谅表同情，一经公决，必能发生效力。谨陈二条件如左：

一、限制民选资政院议员，不得承认新租税，以消灭政府假立宪之威焰也。西人有言：不出代议士，不纳租税。今资政院之终结，在于恭候圣裁，其去法治国议院性质，何啻霄壤。

资政院议员断不能与西人所谓代议士相提并论，而谘议局与督抚有异议时，其权力仅能达于资政院而止，则谘议局议员尤无代议士之价值可知。吾人若循文明国之先例，国会不开，即停纳一切租税，亦属正当之办法。今虽不忍遽为已甚，而国民既未有监督财政之权利，自应不任增重负担之义务。拟请限制民选资政院议员，此次资政院开院后，对于政府提出增加租税之案，不得议决。（各省督抚奏陈豫算案内，一切收入款项必多隐漏，并须检查其隐漏之数，作为新租税论，不准督抚私自征收。）倘不顾公理，冒昧议决，一般国民，誓不承认。民选资政院议员为贵会各谘议局所选出，即不啻为贵会所组织，贵会有训戒监督之权，即有为民请命之责。代表等所以要求贵会者，此其一。

二、各省谘议局议员同时辞职，以破除假立宪之狡猾也。谘议局地位，与各国联邦议会微有不同。然既不设议事会，即无执行之权，自不能作地方议事会看待。查谘议局章程第二十二条，谘议局议定可行事件，呈候督抚公布施行，是谘议局为一省立法机关，督抚为一省行政机关，国家法律，早已认定。自经编查馆深文解释，节节缩小，已同赘瘤。而督抚施虐于民，又往往多方笼络谘议局，使负责任。于是人民怨毒不加于官府，转以谘议局为集矢之的。若国会不开，上不能直达于君主，下适以取恶于人民，实为万分危险。拟请本年谘议局常年会，即以请愿速开国会为第一议案，呈请督抚代奏。若不允代奏，全团议员同时辞职，尚可告无罪于父老兄弟。代表等或同为议员，或主持各界，均有密切之关系，即不能不熟察进退之先机。代表等所以要求贵会者，又其一。

以上二项，对于政府一方面，为略清义务之界线；对于人民一方面，为争回权力之动机。若经贵会可决施行，吾人要求国会之举，必有一番活动也。

夫文明各国请求国会，鲜有不喋血以争，掷多数头颅而后博得者，盖要求之手段愈烈，则国会之价值愈高。彼固深明优胜劣败之公例，非实行立宪不足以图存，非先开国会不足言立宪，故人人视为身家性命而拼死以求。如前二项云云，不过小试其端，犹是文明之对待也。是否有当，伏冀公决。谨提议。

各省谘议局应一律办理事件通告书各省法令公布规则草案附

敬通告者。自去年九月各省谘议局成立以来，政权初属人民，始有与闻政事之机关，立宪前途之希望在此，吾民政治能力之实验亦在此。议员者，人民之代表也，居代表之地，必求能尽代表之责，而责任与权限，实常相为比例。去岁至今已一年，各局成绩之可举者殆鲜，推原其故，上之政府初无尊重议会之心，下之国民各无拥护议会之力，徒恃此百十议员虚悬于中，而使之徒手以搏也。虽然，议会权限之根据在法律，法律之不备者，则以先例补充之，且如吾国之各省谘议局，更有连鸡并栖、利害互及之势。局章六十二条，(牢)【荦】(牢)【荦】大端，固已隐括。虽几经宪政编查馆事后解释之剥削，而法律真意所在与其明定者，究不能概予抹弃也。我各省人士果能本其已得之权限，而加以一年以来之经验，合大众之心思才力，谋一完备健全之办法，行动一致，毋或参差，保已有之成规，为后来之先例，以一局与一省督抚抗，则谘议局之势常绌，合各局与各省督抚抗，固不必终见其绌也。鉴于往昔，以图来兹，谘议局亦何尝不可为哉！本会据会章第八条讨论谘议局共通利害之事，其应要求于政府者，既以各局名义上书陈请矣，兹就各局内部之行动，当一律办理，而无待外求者数事，谨为我同志君子列举之。

一曰谋立法权巩固之法。谘议局为本省立法机关，局章第二十一条第六、七两款已明定之。他如凡在本局议决权限内之事，欲其事之施行，则莫不有施行之法，是亦立法也。各省未有谘议局，则本省立法之权限督抚专之；既设谘议局，则所有督抚可以专决之事，即莫不受谘议局之参与，不得自由用舍也。今日宪政初举，专制之余焰未消，官吏无顺受参与之习惯，人民无尊重权利之思想，加以从来旧有之规章，(巷)【卷】宗积叠，莫可究诘，是非定一公布方法，使之具一定之形式，为一定之颁布，以为清源塞流之计，则议决者自议决，执行者自执行，离奇错出，必无归束之处，谘议局虽立法犹不立法也。兹拟法令公布规则若干条，旧有者藉以清厘，新出者获所拘束，种类必分所以，祛其混杂之弊，期日必定所以，绝其延置之途，凡为谘议局立法权根本计也。顾我各局于今年开会间同时提出之件，得批准施行，不止此一事也。

二曰谋豫算全完全之法，岁计出入之盈绌。施政轻重缓急之方针，用途之靡滥与撙节，人民负担力之如何，莫不于豫算决之。豫算者，实为议会之根本权限，议会所以代表民意，顾全民力，并以谋国家之发达者，即在此。局章第二十一条第二款，曰议决本省岁出入豫算事件；光绪三十四年宪政编查馆通咨各省文，曰三十六年编定豫算案，交谘议局议决；又曰交谘议局议决豫算事件，应以各本省之地方办事用费为限，国家行政费不在其内。是一年该馆奏核度支部奏清理财政章程第十四条，有国家行政及地方行政之别。然则谘议局今年应有本省豫算之议决，而所谓本省者即地方办事，实即指地方行政也。日来道路传闻，颇有度支部以今年尚在试办期内，资政院、谘议局之开会不必提出豫算之言，其违背谕旨，蔑视定章，轻侮议会之态，实为至极。一年可缓则后此以往无不可缓矣，一事可缓则其他各事亦无不可缓矣。此议果行，则我各省局不可不有以争之，此就今年豫算之有无言也。又所谓国家行政与地方行政者，究当如何分划，始为正确之标准，度支部豫算表册所列地方行政经费通常及临时门之各类，果足以包括不漏乎？夫欲知国家行政与地方行政之别，当以吾国各行省之地位决之，省之政府有督抚，于是省之议会有谘议局。宪政编查馆奏复于式枚折，曰中国之部臣、疆臣显分内外，地方行政可由督抚主持命令，此定督抚之地位也；曰中国久已分省而治，督抚实立于一省最高之地位，督抚权限既视各国地方行政长官为较广，则辅助行政机关之权限自应与之相称，而不能仅据各国之上级自治以为准则，此言谘议局之地位也。凡此皆其申明奏陈谘议局章程原折所谓谘议局为地方自治与中央集权之枢纽之意，而吾人所当谨守而勿失者也。吾人非欲扩张地方行政之范围，但以谘议局与督抚为对待，则凡地方性质之由督抚主持命令者，谘议局即应与议之，亦即应豫算之。不然其事明明属于地方行政，今强以入之国家行政之内，中央议会可言而苦于其见闻之不及，谘议局又知之而苦于不能言，殊非国家设立议会之本旨，我各局亦不可不有以争之。此就今年豫算之范围言也。谘议局豫算之范围，其先决问题应自谘议局之全体权限始，本会已别定呈稿，用各局名义争之于宪政编查馆。愿我各局共守此旨，终始坚持而毋或怠。至若豫算之有无，则奏定局章之可以显背与否，皆惟此是视。设传闻之言而确，则尤愿我各局之必为以全力争，宁无谘议局，而不可仍有无豫算之谘议局，此又一事也。

三曰谋监督权周密之法。议会本为监督政府之机关，以广义言，则凡立法、豫算，莫非监督之具，然政府若轻蔑我立法、豫算之权限，及有种种违背法令举动，则将何以继之？于是有质问，于是有弹劾。质问者，事前之监督也；弹劾者，事后之监督也。局章第二十六条定质问之权，第二十七条、第二十八条定弹劾之权。第二十八条按语有“自应立予纠举”一语，则此种权限虽在开会中，常驻议员亦可行之无疑。而第二十六条、第二十七条亦只泛言谘议局，并不指定开会中之谘议局，由此而推，则官绅可弹劾，督抚决无不可弹劾，弹劾权可用，则质问权决无不可用。故是二者以常驻议员之协议应得行之，是为局章中特定之权限，不得以第十二条所定相牵连也。且就事实言之，谘议局开会期中为议事之时，而督抚批准后施行其所议之事，则常在闭会以后。经批准之议案之果否施行，及其不行，或虽行而同时有性质相反之行为，国家既设此常驻议员，则常驻议员即应监察之；有疑则问，问而知其无正当之理由，则弹劾。议决案之不至成为空言者，赖有此耳。又如议决案之外，虽属国家行政，而非本局议决之事，督抚及所属官吏有为非法之举动，不合中央议会议决之旨，或中央政府颁布之旨者，其事既可随时而生，则其监督之法，即不能不随时而有也。自去岁闭会以来，质问及弹劾二事，各局中已屡有行者，兹经本会公意，以为各局应一律于常时行使之，以谋监督之周密，此其第三事也。

四曰申明法律，以固议员地位之保障。议会者议员之积也，欲议会之无负其名，必先求议员之能尽其职。议员之职在建言，建言之善者，则惟正直。正直者，不阿之谓也。议员而不正直，或有所为而不能正直，则议会之基础覆。故国家既严其资格，以付之选举之公，更必有保障之法规，以释其瞻顾。立宪局章第五条定得〈各〉【为】议员之资格也，第六条至第八条定不得为议员者也，第五十八条至第六十条定应加惩罚之事项，其重者遂使之丧失议员之资格也。第五条所定如当选后始经发现其无此资格，或发生其失此资格之事，及第六条至第八条所定当选后始经发现或发生其有此情事者，是皆为议员资格根本之消灭，而致失其议员之地位。凡此者，盖以事实之结果，而间接不能为议员者也。至若第五十八条至第六十条所定，则为对于议员所加之惩罚，惟议员乃能生此情节，亦惟谘议局乃能使之除名，此外之人不得与焉。法文具在，章章可考也。夫除名之权专在谘议局者，谘议局应确保之，固不能容官吏侵越之余地；即其因事实之结果而致失其议员资格者，事实之判断虽不必专在谘议局，而既曰事实，则必有确证，且经确定之判决乃可，亦断不得加以浑括之语，遽以为事实之定案。且谘议局虽不必判断其事实，而承认之权固自有之，故虽属事实之问题，督抚得行撤销，然仍应将其事实真相知照谘议局，谘议局审查明确，分别承认与否而定该议员资格之去留，是亦法律尊重议会，不使议员地位有意外之危险，冀能达其所谓直抒已见、不挠不屈之目的，而当然有此解释者也。今者督抚撤革议员之事业已屡见，其事实之如何姑不具论，然履霜坚冰，其渐可惧，深愿我各局留意之。害群之马固不可容，而其去之也，要必有切实共见之罪状，且必备应有之手续，否则弊之所极，将有听长官之一语而倾议会之根基者矣。他如互选资政院议员经督抚选定，宪政编查馆复闽督电谓选定以票数多寡为准，若有不合格者，再以次多数之人递推。此不合格云者，其标准究安在，故当督抚选定时，谘议局应呈请申明，以求合立法之本旨。此虽非本届所有事，然我各局所当留意者也。夫无保障，是无议员矣；无议员，且无议会矣。谘议局不能存左袒议员之心，而不能不尽保护议员之责，此其第四事也。

凡此四者，本会研究所及，佥谓事必议其大，而枝节者无所用，特审择而存留之，以为一得之贡，惟贵局采之。夫求权限之完全者，即所以为担负责任之地也。谘议局能完全担负其责任，则国家设立谘议局之本意乃以不背。当此民气未伸，而复摧折交至之日，非有协同一致之举，不足示舆论之力，以保存吾民既得之微权。贵局诸君子其亦联袂而起乎！本会敢援会章第九条及议事规则第二十三条之规定，谨以议决者通告如右。伏惟鉴察而执引之。直省谘议局联合会启。起草员刘崇佑提出。

法令公布规则草案

第一章　总则

第一条　凡本省各种单行章程规则及其他属于谘议局议决施行之件，自总督、巡抚批准之日起，十日内应照本规则所定公布之。

第二条　凡本省行政官因行政权范围内所发布之命令，总督巡抚或其他该管官厅，应照本规则所定公布之。

第三条　凡本省旧有由总督巡抚颁行之章程规则，及各属通详立案、永远遵行之件，现在尚有效力者，总督、巡抚应于宣统三年六月末日以前，照本规则所定，悉行追加公布。

前(次)【条】应行追加公布之件，各有变更时，照第一条第一项第二条所定办理。

第四条　应照本规则所定公布之法令，若不公布，或不如法令公布，人民无遵章之义务。

前条应行追加公布之件，若期限已过，仍未公布者，概作为废止。

第五条　凡法令自公布之日起算，十日后发生效力，但有特定其施行期日者不在此限。

第二章　公布格式

第六条　凡公布法令，应记载公布之年月日，由该管官吏署列衔名。

前项公布之年月日不得倒填或豫填。

第七条　凡公布法令，应分别为谘议局议决经总督、巡抚批准，或系行政官关于行政权范围内所发之命令，区划种类记载之。

第三章　公布方法

第八条　凡公布，应先登官报，再行揭示。官报每日发行一次。

第九条　官报登载后三日内，应由该管官厅揭示，以揭示之日为公布之日。其在省城外各府厅州县，以官报到达后三日内揭示之。

第十条　凡由省城发递官报至外府厅州县，均交邮政局照挂号信件递寄，无须由该管上级官厅行知。官报到达各府厅州县日数，以附则定之。

第十一条　官报听人民购阅，其行政局署及谘议局、自治会皆应颁予一份。

第十二条　省城及府厅州县应建立揭示亭，凡有揭示之件，皆就揭示亭揭示之，但因周知之便，于揭示亭以外，应酌量城厢乡镇地方更行揭示。揭示亭，省城应在督抚署或藩署前建立，各府厅州县应在巡道或府厅州县署前建立。

第四章　附则

第十三条　本规则以总督、巡抚批准之日起为实行之期。

第十四条　本省各府厅州县之官报到达期限如左：府□日，县□日。(凡无直辖之府者不必用府)

《各省议员联合会通告书》，群化印书局1910年铅印本，第1～7页

公决豫筹对待今年谘议局豫算之法

一、督抚不交豫算案之对待方法。

应照常开议，一方诘问督抚(不拘回答如何)，同时电资政院，要求确实速覆。如系先期奉旨不交，则各局应于九月初三日以内互电通知，定初四日各局皆电资政院力争，以必得为止。如必不得请，则同时停议要求。

二、豫算内容如但有出入总表，而无分表之对待方法。

例如，有教育费总数目，而无如学堂用费分数目。应同时交还督抚，一面电资政院请更正，仍互相电知。如必不得请，照前条办理。

三、豫算案如但有岁出经费，而无岁入款目之对待方法。

应照第二条办理。

四、豫算案之岁入类如不分别国家税、地方税，仅以一部分之岁入作为地方行政费交议之对待方法。

此种豫算案可以承认，但会议时不必拘守其所指定岁入数目之范围，而将岁出各经费削减，应减则减，应增则增。有不足时应要求增拨，或就豫算总册内指款请拨，如督抚不准，则电知资政院争之，候其判断。

五、参考总册时，如发现支出款目有不适当者之对待方法。

应电资政院请拨回地方行政支用。

六、于豫算案以外遇有谘议局认为应归地方行政而督抚列入总册作为国家行政者，或并不列总册者，应要求督抚添入豫算案，一并交议。不得请，则电达资政院判断照办。

《各省议员联合会通告书》，群化印书局1910年铅印本，第1页

对于城乡地方自治经费附捐之意见

办理城镇乡地方自治，各省均有成绩。其早者如江苏，各属既已成立，度迟者宣统三年以内，亦必一律成立。顾初次成立，所需经费必多。按照自治章程，所称公益捐二种，一附捐，二特捐。但就纸片研究，有此二种规定，经费宜无不足矣。然起视吾国民穷财尽之现象，省省皆然，使各自治团体成立，首先即从此际着手，斯为困难必又从同。闻度支部今年豫算，惟于岁出分国家行政、地方行政两表，岁入则止一表，不分国家、地方。然则地方固无入款也。无入而独有所事，则其成立后之情形有可逆揣者，将必出于三途。其一，地方本有公款，或办学务，或办慈善事业，皆有指定，无可分割。官府征收之捐税，其附加者亦已甚多，无可再增，则姑保持一不办事之主义，以相与委蛇而已。又其一，任意支配一切公款，消灭甲事，以与乙事，离析两资，以附益戊(已)【己】。议论纷拏，究其实在，但有争款。又其一，就旧有之附加各捐而益扩充之，或创立特种名目。官制未改，吏胥犹存，力不足则假其威以行之，细若牛毛，繁于茧丝，势豪横目，穷檐饮泣。凡此三弊，皆将不免。呜呼！度支部不任整理财政之责，委之督抚；

督抚又不任也，责之州县。吾国向来情形确乎如此。今则又有一下级地方自治以承其乏，一般人民于自治之义未明瞭也，苦痛既深，荧惑将见，移其平日受于官吏之积毒，盲发以求一逞，其见端于各省者，已微有闻矣。目想神州祸机遍地，以自治之良规，成酿乱之初阶，虽欲不谓之政府之罪，其可得乎？政府不顾政体，不顾税则，并不顾国本之将因杌陧，拘执于九年筹备之成案，为此刻板政事，补弊救偏都无所计，栋折榱崩，同为覆压，吾侪国民宁不自惧？就钧儒个人私见，别无他法，惟有请将各省向来岁入各款确系附加税性质者还之地方，悉充自治经费，以冀少纾一日之祸。伏乞赞同即由各省谘议局详确调查，如在本局列款，提作议案，庶几主张者多，效力可厚。浙江谘议局议员沈钧儒谨议。

《各省议员联合会通告书》，群化印书局 1910 年铅印本，第 1 页

第二届直省谘议局议员联合会报告书

一、第二届直省谘议局议员联合会报告书目录

第一类　会员及办事处职员表

第二类　议题汇表

第三类　审查报告

第四类　记事录

第五类　议决案汇录

第六类　杂记

第七类　经费报告

二、第二届直省谘议局议员联合会会员表

姓名	次篆	籍贯	职任
袁金铠	洁珊	奉天	谘议局副议长
曾有严	子威	同上	谘议局议员

续表

姓名	次篆	籍贯	职任
庆康	锡侯	吉林	谘议局议长
何印川	月波	同上	谘议局议员
李伯荆	识轩	黑龙江	谘议局议长
韦景文	星恒	同上	谘议局议员
阎凤阁	瑞庭	直隶	谘议局议长
王振尧	古愚	同上	谘议局副议长
高俊浵	静涛	同上	同上
梁庭华	子春	同上	谘议局议员
王邦屏	辅三	同上	同上
张汝桐	韵樵	同上	同上
丁宗峄	孟邻	同上	同上
孙洪伊	伯兰	同上	同上
于邦华	泽远	同上	资政院议员
李椝	访渔	同上	同上
陈树楷	绶珊	同上	同上
汪秉忠	彝伯	江苏	谘议局议员
金詠榴	剑花	同上	同上
张家镇	雄伯	同上	同上
雷奋	继兴	同上	资政院议员
窦以珏	子瑾	安徽	谘议局副议长
武炎康	焜南	同上	谘议局议员
陶冠禹	笃卿	同上	同上
王景禧	燕泉	山东	谘议局副议长
于普源	佛航	同上	同上

续表

姓名	次篆	籍贯	职任
梁善济	伯强	山西	谘议局议长
李素	位斋	同上	资政院议员
方贞	幹周	河南	谘议局副议长
李良材	桐轩	陕西	同上
吴怀清	莲西	同上	资政院议员
梁守典	承甫	同上	同上
高登鲤	鱼门	福建	谘议局议长
刘崇佑	崧生	同上	谘议局副议长
康诉	步崖	同上	资政院议员
张道南	慕杨	同上	谘议局议员
陈黻宸	介石	浙江	谘议局议长
余敏时	逊斋	同上	谘议局议员
郑际平	平甫	同上	资政院议员
谢远涵	敬虚	江西	谘议局议长
郭志仁	叔安	同上	谘议局议员
汤化龙	济武	湖北	谘议局议长
张国溶	海若	同上	谘议局副议长
陈登山	芷皋	同上	谘议局议员
郑万瞻	云衢	同上	同上
胡瑞霖	子笏	同上	同上
谭延闿	祖菴	湖南	谘议局议长
周煦垭	汝霖	同上	谘议局议员
罗杰	峙云	同上	资政院议员
易宗夔	纬舆	同上	同上

续表

姓名	次篆	籍贯	职任
黎尚雯	淮苏	同上	同上
萧湘	秋恕	四川	谘议局副议长
李文熙	缉庵	同上	资政院议员
甘德蕃	云菴	广西	谘议局议长
蒙经	民伟	同上	谘议局议员
吴赐龄	荫久	同上	资政院议员
段宇清	梦夔	云南	谘议局议长
张之霖	雨村	同上	资政院议员
顾视高	仰山	同上	同上
李增	灿高	同上	同上
杨寿篯	伯铿	贵州	谘议局议员
牟琳	贡三	同上	资政院议员

《直省谘议局议员联合会第二届报告书》，京师北洋印刷局1911年刷印，第1～3页

三、第二届直省谘议局议员联合会正主席、副主席及审查长审查员表

正主席　谭延闿

副主席　王振垚

审查长　汤化龙

审查员　方贞

　　　　谢远涵

李文熙

刘崇佑（当选后丁忧回籍）

孙洪伊

梁善济

萧湘

罗杰

袁金铠

《直省谘议局议员联合会第二届报告书》，京师北洋印刷局 1911 年刷印，第 4～5 页

四、第二届直省谘议局议员联合会办事处职员表

任务	姓名	次篆	籍贯
庶务主任谘议局派遣员	梁庭华	子春	直隶
	王邦屏	辅三	同上
	张汝桐	韵樵	同上
	丁宗峄	孟邻	同上
文牍科员	方安墉	兰阶	同上
	孙焕纶	药墀【痴】	同上
庶务科员	张凤瑞	祝昇	同上
书记员	石玉藻	辑臣	同上
	戴书香	馨斋	同上
	陆植仁	德培	江苏

《直省谘议局议员联合会第二届报告书》，京师北洋印刷局 1911 年刷印，第 5 页

五、第二届直省谘议局议员联合会议题汇表

案由	提出者	交出本会期	本会交议日期	议决结果
倡办民团提议案	本会会员李良材	四月初七日	四月二十日	合并本会豫备兵案另行起草
融合满汉提议案	同上	四月十一日	同上	缓议
筹备补助乡巡提议案	山西谘议局	四月十三日	同上	合并本会豫备兵案另行起草
全国普练民团提议案	湖南谘议局	四月十四日	同上	同上
规划全国兵工弹药厂提议案	湖南谘议局	四月十七日	同上	缓议
豫备三边战事提议案	本会会员李良材	四月十九日	四月二十四日	缓议
欲练乡兵先谋军实提议案	本会会员窦以珏	四月十九日	同上	缓议

续表

案由	提出者	交出本会期	本会交议日期	议决结果
陈请纠正宪政馆以解释破坏局章提议案	四川谘议局	四月二十日	同上	由本会陈请资政院
救亡大计提议案	湖北谘议局	同上	同上	合并本会豫备兵案另行起草
乡兵条议提议案	同上	同上	同上	合并本会豫备兵案另行起草
法令公布规则提议案	福建谘议局	四月二十一日	四月二十八日	并入宪政馆破坏局章案
讲武社简章	本会委任起草员孙洪伊、牟琳、吴赐龄	四月二十二日	同上	更名体育社通告各省谘议局
注重边务界务提议案	山东谘议局	四月二十四日	同上	单提界务另行起草通告各省
各省筹办团防案	本会委任起草员张国溶	四月二十六日	四月二十八日	重改名目另行起草

续表

案由	提出者	交出本会期	本会交议日期	议决结果
陈请建议速编宪法交院协赞案	本会会员萧湘	四月二十八日	五月初二日	由本会陈请资政院
变更会议厅制提议案	广西谘议局	四月二十九日	同上	缓议
划分国家税地方税提议案	顺直谘议局会员梁善济	五月初三日	五月初六日	缓议
陈请提前设立审计院提议案	浙江谘议局	五月初六日	同上	缓议
皇族不宜充内阁总理请另简大员组织上奏案	本会委任起草员汤化龙	五月初四日	五月初七日	呈都察院代奏
增练备补兵为征兵豫备上奏案	本会委任起草员张国溶	五月初六日	同上	呈都察院代奏
全国实行禁烟一律进行提议案	本会会员梁善济	五月初七日	五月十一日	由本会另作通告

续表

案由	提出者	交出本会期	本会交议日期	议决结果
请饬阁臣宣布政策上奏案	本会会员汤化龙	五月十四日	五月十四日	呈都察院代奏
请废禁烟条件上奏案	本会委任起草员张国溶	同上	同上	呈都察院代奏
再请明降谕旨另行简员组织内阁上奏案	本会会员汤化龙	五月二十一日	五月二十二日	呈都察院代奏
陈请协争阁制提议案	本会会员汤化龙	五月二十六日	五月二十八日	由本会陈请资政院
通告全国人民书	本会会员张国溶	同上	同上	由本会通告各省
呈请重勘片马界务书	段宇清、顾视高、张之霖、李增	五月二十八日	五月二十九日	上外务部

《直省谘议局议员联合会第二届报告书》，京师北洋印刷局1911年刷印，第6～7页

六、第二届直省谘议局议员联合会审查报告

一件　新内阁组织案

为报告事。本月十七日准办事处交到为新内阁组织呈都察

院代奏稿一件，业经于本日开委员会，遵议修正，再请提出讨议公决。惟本委员会对于本案略有意见，谨附陈于左：

查，此案经本会提出，作为第一议题，原期为政治上根本之改革。惟本委员会之意，不如以民团作为第一议题，而以此案作为续进之举。盖以此案作为第一题，则直与政府冲突，民团问题势难提出。若民团首先提出，求之而得，足以餍各省人民之心；求而不得，则归咎政府，推倒内阁，益觉有词可借，故与其提一议题致其他之议题不能提出，不如先民团而后内阁，两题皆得成立，此不过着手先后，微有不同，于公决之意，并无矛盾。是否有当，仍候公决。

为报告事。准办事处交到议案七件，除救亡大计意见书及规划全国兵工弹药厂案、欲练乡兵先谋军实案尚待详审外，所有已经审查各案，谨条举本会意趣如左，是否有当，敬待公决。

一件　宪政馆破坏局章请提议纠正案

本案因宪政馆破坏局章提议纠正。第一条以局章认为命令即暗寓取销省制之意，国体根本所在，万难默认。第二条本属资政院核办之范围，宪政馆强附于解释局章，侵越权限，且下不正当之解释，横剥谘议局法定之权，尤为无理。本案议请纠正，本委员会以为当然成立，惟已往不正当之解释，固当纠正。而资政院既开以后，宪政馆无独立存立之理由。本会去年曾提有申明资政院立法权限一案，未经决奏，本委员会以为仍应照去年原议，于本案之末申明，以后宪政馆不能独立存立，仅得为内阁之附属机关，根本推翻，庶可以永无无理解释之弊。

一件　拟豫备三边战事案

本案豫备三边战事、民团一节，已由本会提出议案，毋庸另行提出。至案中要件，在各学堂另编教科书，使国民周知国耻，因以作其敌忾之气，用意至远。惟此种主旨，为全国所共同，非独为三边战事之豫备也。若为各地计，使精神有所专注，则宜由各省教育会教育研究所或各学堂自行编辑讲授，不必用教科书之名，亦不必请由部定。盖有谋人之心，无事为正式之发表，且各省自定自办情势较切，亦较部定为适用，似宜另编议案，变通办法，由各局各酌情势办理。

一件　提倡民团组织案业意见书

查提倡民团，本会业经提出议案，组织实业，自属今日之要举，惟现尚无办法。原书仅为陈述意见，并非议案，无可着手审查，谨缴远另请分布同人，以供参考。

一件　法令公布规则案

本案业于去年议决，各局呈出，未得批准。今年自应再行同时提出，应请主席提出会场取决，毋庸审查。

一件　筹办民团案

为报告事。准办事处交到筹办团练案一件，当经开会审查，对于该案主旨，颇有不同，谨陈于左。

查此案，本会提出之主旨，以救亡为前提。救亡之急策，须有系统之民兵。团练之旧规，原以保乡里、清盗贼为目的，与民兵之性质，究有不同。原案以团防为题，注重于防内乱，本出于顺社会心理，冀邀允准之苦意，惟定名不正，立言不顺，即得邀准，内外上下，均狃于旧团练之观念以从事，非惟不能达吾辈救亡之目的，且或适得其反响。盖团练虽有团结之形式，而决不可以应实用。历来办团之弊，类以无知之绅首，招无业之游民，操不可用之器械，为无意识之集合，教练无术，统系无属，人民徒增多数之负担，而实质仍成无用之具，果得所请，饬各省均办团练，心理既谬，旧弊再生，是于种种无实扰民之新政而外，又增一无实扰民之旧政，不可谓非吾辈定名不正、立言不顺之过也。本会以为，今日诚欲救亡，必使国家增饷不多，增兵无限，器械充足，练一兵实得一兵之用，而后可以成为救亡之大计。现时各省招募之防营，既以不可用而将归裁撤，征兵之新制，又以制度未备，未能实行，内讧外患，日迫一日，过度恐慌之际，非有急则治标之法，变通办理，以作民气，而为征兵之豫备。蹉跎，蹉跎，恐不及征兵，而国已不救矣。查奏定营制，正额之外，设有备补兵，拟请将备补兵裁撤，即于各厅州县改练豫备兵，或仍名为备补兵，以为常备兵之补充，并作为留守兵，其办法仍参照定制，派遣驻弁前往镇管标区，会同各牧令，于人烟稠密之城镇地方，择其确系土著，有户口可稽，无所逃逸者，编练成队，每小县先练一队，中县、大县酌加，每名月给饷银一两，即派该驻弁担任管教，依队分排，轮班教练，暇日仍听自谋执业，六个月练成，择尤提充常备。现役改以六个月为限，届期会大操一次，然后发给凭照，遣令回籍，列为续备及后备期均不改。第此增加豫备，缩短常备之法，则安内攘外，均无缓不济急之虞。若地方有缉捕、弹压及征调等要事，此项豫备兵须照常备饷章，加给全饷，事竣即仍其旧，平时仰给于公家者有限，但提常备军所有截饷银两及备补兵饷银外，稍有添筹，即敷挹注，至于军械，可先尽各省存储旧枪拨用，一面暂向外国多购机关枪、新式枪、新式山野炮及造子弹机器，自行赶造子弹；一面扩充兵工厂，添购新机，改造最新式之枪，以为取不穷、用不竭之计。需欵即于原办各厂项下，认真整顿，不至竭蹶。所谓增饷不多，增兵无限，器械充足，练一兵实得一兵之用者，此也。似此办法，宜以堂正之名出之，不必迎合隐饰，招社会之误会，致生丛弊之反响。本会审查意见如此，是否有当，尚待公决。

一件　讲武社简章

为报告事。准办事处交到讲武社简章一件，经本委员会审查，酌量修正。其讲武社之名称，亦拟改为体育会。本会委员意见相同，谨作成报告，以待公决。

一件　救亡大计意见书

查此书，练正兵之策意，主缩短征兵退伍期限；练副兵之策，主团勇、矿兵、屯田兵、工兵，而归根于军国民教育。本会民兵案，以备补兵为征兵之豫备，又普设讲武社，提倡尚武精神，补助军事教育。于此书主要所在，已概括无遗，似不必另行提出。至末段裕军储一策，可归并兵工厂案内。当否，请公决。

一件　规划全国兵工弹药厂案

查，原提案以扩充鄂厂，分设弹药厂，提倡商厂，为三十六镇成立军实之筹备，用意极远。惟军事乃专门智识，审查同人以为，非有详细之计划，确实之豫算，则现设六厂，即无由定其应分应合。至招商办理，严定取缔，亦非有豫拟之简章不可。盖此等案建议有效，与豫算极有关系，不能不豫防主管衙门之流弊也。应由原提案人详列计划书及豫算简章，提出本会，再候公决。

一件　变更会议厅制案

为报告事。准办事处交到桂局电请提议会议厅制一案，查原电办法分三层：一、请取消会议厅制；一、不能取消，则请改组织，勿使官多于绅；一、伸长局议期限，缩短剳覆期限，使有覆议余地。兹事关系各局议案甚大，应设为重要问题，惟现时内外官制将行改革，督抚存废尚未解决，附隶于督抚之会议厅，似在不必争论之列。即以现状论，会议厅虽为局案之阻障，然督抚裁夺议案，虽无会议厅，实不外幕职及司道主持审查，以督抚之名义出之议局，即覆议争执，不能以非督抚自行审查为理由，抗不承认。取消会议厅与不取消会议厅，实质无以异也。至会议厅官多于绅，故议案不便于官者，率任意批驳，原不能保其必无此事，然会议厅所驳者，尚须督抚交局覆议，覆议又不以为然，尚有请资政院核办，以为救济之地，非会议厅一驳，局案即不能复活，且互相讨论，以发明公理为会议之特质，官虽多数，绅虽少数，苟会议时持之有故，言之成理，背越公理之取决，虽多数人亦无敢显然出之者，况有背越公理之取决，督抚据以驳覆，尚有救济之手段在其后，官虽多，亦正无虑，若使绅多而放弃权利，则亦未必不为官厅所左右。此为事实问题，虽不敢为一律之断定，要之，现时谘议局基础尚未巩固，根本之争执，似尚不在此也。至于劄覆限期，宪政馆已有明定，会期延长。本会去年曾呈请资政院提议，今年应否续陈，自另为一问题。总而言之，新官制问题为督抚存废所系，督抚之存废为谘议局存废所系。宪政馆上年咨覆资政院，谓谘议局章程是命令，非法律，即隐含有根本取消之意，故本会提议，呈请资政院纠正。根本问题既定，谘议局地位稳固，再争其他，似为不可易之顺序，会(厅议)【议厅】制，虽属重要，似尚非根本问题，本会窃谓宜暂缓。是否有当，敬请公决。

一件　提前设立审计院案

查，审计院为认可政府报告决算之必要机关，原案请提前今年设立，监督政府，以巩固国家财政信用基础，言深切而著明，本审查会认为当然成立。惟原案系呈请代奏，审查同人以为，关于宪政筹备之事，如此数者，不一而足，仅以此件再请代奏，恐不免有挂漏之处。审查意见，此案认为成立，由本会陈请资政院，提议施行，是否，祈公决。

《直省谘议局议员联合会第二届报告书》，京师北洋印刷局1911年刷印，第1～6页

七、第二届直省谘议局议员联合会记事录

联合会第二届第一次会员记事录①

四月十四日，成立会第一号。

下午一钟开会，到会会员四十一人。

汤化龙君报告："今年本会提前开会之故，以闽局因应决之事甚多，要求提前开会。致电到鄂，鄂局转电各省，各省复电，均表同情。又加以京同志会及苏局议长两电，提议救亡政策，并要求各省议长来京，是以此次到会会员，以正副议长居多云云。"

公举正主席一人，用无记名单记法

谭延闿，得十五票，最多数当选。

公举副主席一人，同前

王振尧，得二十四票，最多数当选。

公举审查员九人，用无记名连记法

汤化龙，得三十三票。

① 标题为重拟。

方贞，得二十四票。

谢远涵，得二十二票。

李文熙，得二十一票。

刘崇佑，得二十票。

孙洪伊，得二十票。

梁善济，得十八票。

萧湘，得十七票。

罗杰，得十六票。

以上九人，最多数当选。

主席就席。

刘崇佑君云："今日本会既已成立，本会员所希望者：第一，会场秩序请主席维持。第二，无论正式会、谈话会，开会时间均须确定，不可迟缓。请主席注意。"

主席述刘君言，请大家注意，并询今日是否继续开谈话会。

梁善济君云："此次谈话会，务须郑重，与去年自由到会，视为无关轻重者，应有分别，请主席报告大家。"

刘崇佑君云："去年本会议案甚多，然实毫无成绩，今年既提前开会，总要从根本问题下手。大家既皆存此见，因在正式会讨论不便，是以须谈话会，今日大家何妨再坐一句钟谈谈。"

张国溶君云："今之所谓谈话会，即讨论会。所讨论者，既皆根本问题，不从枝节繁碎处着眼，则非一二言所可决者，似以明日为是。"

汤化龙君云："今年本会会费，请大家仍照去年，每省先交一百元，三日内送办事处。"

闽、陕、川、晋、奉五省会员云："本省之一百元，一二日内即可交到。"

黑龙江省会员请缓。

庆康君云："此款是否各省一律？"

汤龙化【化龙】君云："一律。去岁未交者，仍请照补。"

公议按日开会，由办事处通知，并公议："无论何会，均准午后一钟开始。"

主席报告："明日下午准一钟开谈话会。"

六钟散会。

《直省谘议局议员联合会第二届报告书》，京师北洋印刷局1911年刷印，第6～8页

联合会第二届第二次会员记事录①

十五日，谈话会第二号。

下午一钟开会，到会会员四十人。

张家镇、金泳榴、汪秉忠三君提出报告书："因本局豫算无效，议长及常驻议员全体辞职，三君代表赴会，公举在前已失效力，拟将一切事宜，委托本省资政院议员办理云云。"

公众起立表决："不承认三君之报告，仍请照常到会。"

主席："请大家讨论本会应进行事件。"

---

① 标题为重拟。

何印川君提议二事：第一，豫备民兵；第二，振兴实业。

李伯荆、韦景文二君言："黑省近办之事，第一，寓兵于商；第二，寓兵于农；第三，寓兵于学。只是枪械不易领。"

庆康君言："吉省同一困难。"

王振尧君言："此次开会，各省皆未携来议案，而对于政治最要，问题甚多，请先定大纲，再议条件。"

梁善济君言："本会应定大纲，第一，对于政府者；第二，对于社会者。"

胡瑞霖君言："现在一切政治之中心，在于内阁。须由此处着手，若不以推倒现内阁为先决问题，则其余皆无讨论之价值。"

汤化龙君谓："此说甚是，可成为议题。"

主席用起立表决法表决，请赞成作为议题者起立，未起立者二人。

主席云："推倒现内阁问题既成立，然有三事，须大家讨论：第一，议案是否专言皇族不可充内阁总理，抑兼及阁制？第二，上议案，手续应如何？第三，是否今日即推起草员？"

汤化龙君云："阁制不善，是立法上问题，非此时所应言者。此案可专就皇族不可充当内阁，而况庆王立论。"

刘崇佑君云："上案手续，一定是先在都察院递呈，如不为代奏，不妨再拦舆。"

胡瑞霖君云："递呈之后，可往劝庆王自己辞职，并请诸亲贵，劝其辞职。不得，则同到上海，开商务、教育、谘议局三联合会，将其罪状布告天下，再不得，则宣布外国，不认新债。”

主席推汤化龙起草，众赞成。

刘崇佑君云：“此案起草，有数事：第一，呈请代奏文；第二，上各亲贵书；第三，致各省电及报告书。”

主席云：“请先交呈稿。”

主席报告：“十七日午后一钟，开谈话会。”

五钟散会。

《直省谘议局议员联合会第二届报告书》，京师北洋印刷局 1911 年刷印，第 8～9 页

联合会第二届第三次会员记事录①

四月十七日，谈话会第三号。

下午一点钟开会，到会会员三十一人。

主席报告：“本会会员庆康君来函，为该省火灾回吉事。”

又报告：“鲁局来电，为举副议长王、于两君莅会事。”

又报告：“黑龙江局来电，为宁局因豫算辞职，请协争事。”

又报告：“本会会员刘君崇佑来函，因丁外艰回闽事。”

又报告：“本会审查员刘崇佑回籍，以当日选举次多数袁君金铠递补。”

又报告：“去年本会出入款项。”

又报告：“禁烟总会来函并附奏稿，为请本会会员均作为外省分会代表，请开送衔名事。”

---

① 标题为重拟。

高登鲤君云："外省分会尚未遍设代表，似不妥，无妨即请同人加入该会，作为总会会员。其各省声望较著者，亦可酌加数人，似此声势，似亦不弱。"

主席："请赞成此说者起立。"

全体起立。

主席："请诸君将衔名于三日内送办事处，以便答复该会。"

主席云："对于阁制问题，请代奏呈稿，系汤君起草。请报告。"

汤化龙君报告大旨。

黎尚雯君云："文内可就庆邸一再辞职说，不必攻其短。且文内满、汉、蒙、回下，应加一藏字。"

袁金铠君云："此文可改用浑括语气。"

丁宗峄君云："此文所云，与前议决者不合。"

方贞君云："专就一人攻击，似不如从大体上立论较好。"

梁善济君云："前日议决者，本系就皇族不可充当内阁而况庆王而言，此文已煞费苦心。

王振垚君云："此语本不甚完备，近奉上谕，已准某邸辞职。若此奏一上，恐不但不能使之去，且将借此保其禄位，即如报载江督之事，可为先例。请大家斟酌。"

主席云："照章，议案提出讨论后，交审查。此案可否，先付审查。"

众赞成。

六时散会。

《直省谘议局议员联合会第二届报告书》，京师北洋印刷局1911年刷印，第10～11页

联合会第二届第四次会员记事录①

十九日，谈话会第四号。

下午一钟开会，到会会员三十四人。

主席宣读议事日表：

第一，倡办民团案。（李良材提出）

第二，筹备补助乡巡案。（山西谘议局提出）

第三，全国普练民团案。（湖南谘议局提出）

第四，倡办民团电。（陕西谘议局提出）

第五，各省裁防营款即作乡镇警费、变通乡镇警章、寓兵于警、辅以民团就款广额，以厚国防电。（四川谘议局提出）

第六，豫备巡警章程。（袁金铠、曾有严提出）

第七，（现画）【规划】全国兵工药弹厂案。（湖南谘议局提出）

第八，融和满汉案。

主席报告："禁烟会列名事，请速将各省衔名开送。"

又："宁谘议局辞职，黑龙江谘议局来电请力争，请大家讨论。"

梁善济君云："可一面为江督打电质问，请其答复；一面为苏谘议局打电，嘱其如有转（围）【圜】，勿太固执。"

主席："请赞成梁君说者起立。"

多数起立赞成。

表决后，又有谓未经讨论，不宜骤表决者；有谓打电无味

---

① 标题为重拟。

者；有谓可静观数日者；亦有赞成梁君之说，而以江督不覆电为虑者。场中议论，极不一致。

汤化龙君云："此事可稍缓再议。"

众赞成。

主席云："呈都察院代奏稿，审查会已有报告书。请审查员梁君报告。"

梁善济就书中大旨报告毕。

汤化龙云："审查报告，当时本从多数取决，化龙在审查会，不能违反多数意思。现既提出大会，化龙以会员资格，可以自由发表意见。报告书中所云民团在先，此案从缓，事实上实说不下去。现既以此案为当然成立，则应同时并举。"

李文熙谓："并举必无效。"

张国溶、胡瑞霖、吴赐龄三君均主张并进。

袁金铠君云："本会欲对于现政府求效果，不过徒作一篇文字而已。如真求有效，非各省实力做去不可。"

主席："请赞成报告书者起立。"

起立者十九人，多数可决。

张国溶君云："对于内阁案有意见者，可交审查会采择，将来提出修正案后，再由大会通过。"

众赞成。

主席云："关于民团事宜，交到办事处者，已有议案三件、函电三件，是否逐件讨论公决，俟明日。先讨论大纲。"

五钟散会。

《直省谘议局议员联合会第二届报告书》，京师北洋印刷局1911年刷印，第12～13页

联合会第二届第五次会员记事录①

二十日，谈话会第五号。

下午一钟开会，到会会员二十六人。

主席因事请假，王副主席代理主席。

主席云："今日提出关于民兵者，共六案，应如何讨论？"

吴赐龄君云："可简单拟定大纲，无须定详细办法。"

汤化龙君主张："要求政府明发上谕。"

吴赐龄君："现在中央政府命令，尽是具文，不如专利用地方官府为妙，不必要求。"

蒙经君云："此事，中央政府不能不疑忌，若求而不允，反生阻碍。"

张国溶君云："无论中央地方，无非中国。得一中央法令，办事终觉易为，似以要求为是。"

主席云："请先讨论宗旨。"

张国溶君云："救亡即是宗旨。"

甘德蕃君亦主张不要求政府。

汤化龙君云："广西民团已经办起，若求而不准，必有阻碍。此实系不主张请求之苦心，然亦不可因噎废食。"

胡瑞霖君云："我们对政府要求，可另立名目，似与已办省分无碍。"

梁善济君："赞成胡君说。"

---

① 标题为重拟。

袁金铠君云："此事重在实行，无须由联合会要求，我们就互相讨论，研究办法，回去自(已)【己】实力去做方是。"

胡瑞霖君云："此事是否为征兵之豫备，且是否为御外侮之豫备，如具有以上两项，方有研究之价值。"

主席云："现在各省所提之案，大抵皆各自为团，无联络统一之法。若就联络统一上定办法，是否须政府认可，请大家研究。"

胡瑞霖君云："民兵本是一急则治标的法子，其实甚不完全。我们对政府既有许多顾忌，祇好是利用民气。"

主席云："此意大家(狠)【很】明白，不过，将来官与绅权限应如何分法?"

袁金铠君云："操办在绅而监督在官，甚好。"

丁宗峄君云："请求明发上谕，是(狠)【很】关重要的。"

何印川君云："请先就请求不请求两说表决。"

孙洪伊君云："请求方法，若祇在都察院递呈，一定是不理，反生许多滞碍。我们若请求，则设法求其必准，不然，则不必请求。"

梁善济君云："孙君说，本会员甚赞成。"

袁金铠君云："此刻只问各省能办不能办，政府赞成与否，何必管他。"

胡瑞霖君云："东三省情形，与腹地不同，袁君语，似倒果为因。"

康咏君云："总须先要求一上谕。"

主席："请赞成要求政府者起立。"

起立者二十一人，多数可决。

主席云："已经表决，应推定起草员，张国溶君如何？"

众赞成。

孙洪伊君云："此事应如何计划？"

李文熙君："作此文不宜太著迹象。各省情形不同，总以留出自由活动余地为是。"

梁善济君云："此次须分两方面说，对于政府者，宜祇说理由，对于内部者，宜详加讨论。"

众赞成梁说。

主席云："既推定起草员，其余可俟明日开会再讨论。"

六时散会。

《直省谘议局议员联合会第二届报告书》，京师北洋印刷局1911年刷印，第14～16页

联合会第二届第六次会员记事录①

二十一日，谈话会第六号。

下午一钟开会，到会会员二十八人。

主席因事请假，王副主席代理主席。

主席报告："江苏谘议局来函，为抄送辞职文件事。"

公决："致江督及江苏谘议局各一电，于休息时拟发。"

主席云："请诸君继续讨论民团事宜。"

李文熙君云："对于政府文字，已经委任起草，今日可讨

① 标题为重拟。

论详细办法。”

孙洪伊君云：“现在所交出之议案，均宜提出，以便求一共同之意见。”

主席云：“请先研究宗旨。现所提出者，条件甚繁，不便逐件讨论。”

方贞君云：“河南清乡章程，已经本局议决，不日当可寄到，以便参观。”

阎凤阁君云：“徒云清乡，仍是消极的。总须加以训练，方与本会提倡尚武本旨相合。”

何印川君云：“吉林办过豫备巡警，一切训练，与正警无异。民甚乐从。”

阎凤阁君云：“可请已经办过省分诸君，详细报告一番，以便讨论。”

何印川君云：“吉林原有猎户，训练较易，又受外人及马贼欺侮较切，故易着手。”

梁善济君云：“山西已有五六十村办过枪械，均系自备。”

主席云：“诸君所云，大概仍是旧日清乡保甲办法，今日似须讨论有训练能节制者方合。”

牟琳君云：“此事应仿各国征兵制度，由各县招二五十人，加以训练，三月退伍，再行续招。”

主席云：“是否编入陆军？”

牟琳君云：“编入陆军，是一定办法，不过费须由乡间出。”

高登鲤君云：“看近来所提各案，其名目虽近于乡团共办，法实同于民兵，所拟章程以山西为较好。东省情形，与腹地似不甚相宜。湖南提议案亦甚完备，可否先交审查会?”

主席云：“现在讨论，有两种办法：一系从民兵入手，一系从保甲入手，总须决定从何处着手，方能交付审查。”

孙洪伊君云：“可否即用讲武社名义，各州县皆招选良家子弟入社，毕业后续招。新班名簿存于社中，有事即按名招集，其经费由各州县自筹。至于枪械，可由官府酌发若干，轮流应用，有事时再请发，或由各处自置。”

胡瑞霖君云：“枪械须注意。若至有事时，再向外人买，恐外人不肯卖与。”

牟琳君云：“胡君所言，是扩充兵工厂问题，与今日讨论者，应有区别。”

阎凤阁君云：“办民兵，即拟与外国开仗，恐不可恃。”

牟琳君云：“不过为军人之后援，非即用以开战。”

主席云：“孙君、牟君所云，大致同是专从尚武精神着手。”

陈登山君云：“可先订一通行规则。”

王主席云：“可否先委任起草?”

众赞成。

公推起草员吴赐龄君、孙洪伊君、牟琳君起草。

六时散会。

《直省谘议局议员联合会第二届报告书》，京师北洋印刷局1911年刷印，第16～18页

联合会第二届第七次会员记事录①

二十二日，谈话会第七号。

下午一钟开会，到会会员二十七人。

主席云："请办团防文，系张君国溶起草，请报告大旨。"

张国溶君云："本会倡办此事，原为对外起见。本文却注重防内患，因将本意说明，恐政府疑忌，不易邀准也。"

主席云："文字如何？请大家讨论。"

王振垚君云："本文虽好，然与昨日决议者稍异。昨日议决者，是讲武社，此文是说办团防，二者截然不同。"

李文熙君云："昨日议决时，起草员并未在场，此不过对政府一个手段，无甚妨碍。"

高登鲤君云："此文甚可用。不过，内有国民军一层，似可删。"

窦以珏君云："可删。"

主席云："请先定此文大致是否可用，然后再讨论文字。"

王振垚君云："此文一上，如得请，则政府必明发上谕，兴办团防，恐与昨日议决之讲武社似有区别。因讲武社本学社性质，若用之为团防之辅则可，若谓藉团防之名，而即办讲武社，固万无是理也。"

汤化龙君云："现在此事，各省督抚及统制等(狠)【很】有动机，我们不过作一导火线而已，且有一国防之根据，则讲武

① 标题为重拟。

社自然易办。”

主席：“请赞成此文者起立。”

多数起立，可决。

汤化龙君云：“请主席将此文交付审查。”

当经主席交审查会。

主席云：“现在顺直谘议局及梁君善济均提出议题，可否决定即作为本会议题，由本会委任起草？”

李文熙君云：“请主席择要提出。”

郑万瞻君云：“我们此次提前开会，既为救亡问题而来，则须想一急进的方法，以期达我们目的。现在阁制、民兵二事最关重要，仍是专就此两案做去方好。据本员，莫妙于直接去见政府，与之开和平谈判。”

孙洪伊君云：“郑君说甚是。我们在此开会，政府及各外交团皆极注意，若如此无声无臭，毫不振作，恐怕为救亡而来，结果反落个求速亡而去。不如未上书以前，先用各省正副议长名义，遍谒政府，或可有济。”

李文熙君云：“此意赞成。”

易宗夔君云：“私人往见，恐无效。不如订日与之开正式谈判。”

李文熙君云：“去岁资政院请政府莅院，竟未出席。本会非法定机关，若请他来，他仍是用不到的故智。”

孙洪伊君云：“我们对某人应说某种话，公开谈判，不甚便利。”

王振垚君云：“谈判是应有的事，不过，大纲总须讨论一致方好。”

孙洪伊君云：“见政府去之题目，总要简单。本会员看，至多不得过三件。”

主席云：“现在人数不及半，孙君主张，可否作为表决？”

王振垚君云：“仍以先定宗旨为是。我们以皇族不可充内阁为请，即遍谒政府，恐必无下判断者。与其如此，不如直要求协赞宪法。”

孙洪伊君云：“可加入此项。”

主席云：“四川来电第二条，即同此主张。可否即推萧湘君起草？”

众赞成。

主席云：“顺直谘议局及梁善济君所提出之议题，只有外债一项彼此相同，可否即推定起草？”

众赞成。

六时散会。

《直省谘议局议员联合会第二届报告书》，京师北洋印刷局 1911 年刷印，第 18～20 页

联合会第二届第八次会员记事录①

二十四日，谈话会第八号。

下午一时开会，到会会员三十六人。

主席报告：“江督覆电。”

---

① 标题为重拟。

又报告："孙洪伊君函，为辞国民公报干事事。"

阎凤阁君云："江督电甚笼统，本会似须详细调查内容，以便筹议对付方法。"

汤化龙君云："可由本会委托一二人与江苏在京诸君接洽，务将内容调查清楚，俟报告后再议。众赞成，当推李文熙君与汤化龙君调查此事。"

主席云："孙君函，可否当场讨论？"

汤化龙君云："讨论此事有三层办法：第一，清理该报馆旧债问题；第二，维持该报馆现状问题；第三，再举定干事问题。"

梁善济君云："去岁各省担任者究竟已否交到？请报告。"

孙洪伊君报告该报馆经过一切历史，并宣布决定辞职。

谢远涵君云："究竟各省未交之款有多少？"

孙洪伊君云："去年决定，本系大省千元、小省五百元，所收之款，均有清单。"

谢远涵君云："可油印分布。"

窦以珏君云："认款之事，似须交各省本局通过。"

方贞君云："敝省可补交二百元。"

阎凤阁君云："此报是否为各省谘议局公认，恐尚未确定。如已确定，则款项似不至如此困难。"

何印川君云："阎君说不差。"

方贞君云："现在对于此事，可一方面补足既往欠款，一方面再图扩张。"

阎凤阁君云："若再认款，诚十分困难，鄙人因此事受过敝局多少质问，此是大家共见的。”

主席云：“究竟大家对此事如何，请下一定之判断。”

梁善济君云：“孙君已辞职，报事即由我们担负，究竟我们认不认？请研究。”

甘德蕃君云：“报是不能停办，现在办法，只有将前欠补足，再设法续认。”

黎尚雯君云：“报是决不能停办的。”

袁金铠君云：“此事创立之时，本会员曾发表意见，谓将来必有困难，现在事已至此，不能不设法维持。据本会员意见，看大家究竟能认款多少？须有一确数，再设法多(消)【销】报，方是正办。”

何印川君云：“(消)【销】报，本会员赞成。”

谢远涵君云：“袁君之言甚是，大家须切实筹划。不然，空说究竟不行。”

袁金铠君云：“本会员来时，在敝局曾经讨论此事。敝省实在能再筹款壹百元，(消)【销】报二百份。”

主席云：“赞成此种一面认款、一面(消)【销】报办法，请起立。”

全体起立。

吴赐龄君云：“既经表决，请大家写明，究竟能认款若干，现在能即交若干，嗣后交若干，能代派报若干，盖用图章，送办事处。”

王邦屏君云：“敝省再认款，实在困难。”

阎凤阁君云：“此事既不能不办，鄙人无论如何为难，必酌认几许。王君亦非反对此事，因伊深知敝局困难情形也。”

主席云：“今日应议之事，须延议。”

六时散会。

《直省谘议局议员联合会第二届报告书》，京师北洋印刷局1911年刷印，第20～22页

联合会第二届第九次会员记事录①

二十五日，谈话会第九号。

下午一钟开会，到会会员二十七人。

主席因事请假，王副主席代理主席。

主席宣读议事日表：

第一，各项议题

甲	局章解释之权应归院有	四川谘议局
乙	请更定法官养成所新章	同上
丙	规定协饷办法	梁善济
丁	划分国家税地方税	顺直谘议局
戊	同上	梁善济

第二，融和满汉案	延议
第三，规划全国兵工药弹厂案	延议
第四，豫备三边战事案	李良材提出
第五，救亡大计提议案	湖北谘议局
第六，提议纠正破坏局章案	四川谘议局

① 标题为重拟。

第七，乡兵条议　　　　　　　窦以珏提出

第八，欲练乡兵先谋军实案　　同上

主席报告："桂林谘议局来电，为请争外债事公决，本会已有案，不必再议。"

甘德蕃君云："本会开会许久，始终未能按时开会。到会人数亦寥寥，太无精神，并极陈本会种种办理未善之点。"

陈黻宸君云："人数不过半，不能表决，请延议。"

梁善济君云："若延会，从此会即不能开。"

何印川君云："诚然。"

孙洪伊君云："今天可将各种议案皆提出，认为成立者即起草，不必时常开会。"

主席云："如此，即请讨论。"

陈黻宸君云："人数太少，不能表决，讨论无益。"

梁善济君云："先由少数人拟定起草后，再开大会通过不妨。"

何印川君请主席执行规则。

王主席云："规则本系大家订的，大家应有服从之义务，主席无从强制权。"

张国溶君云："莫妙于已起草者速催起草，所有议案，皆付审查，似较迅速。"

主席云："可否即交审(审)【查】?"

汤化龙君云："不讨论即交审查，会无从着手。"

孙洪伊君云："请主席按议事日表宣布，以便讨论去取。"

王主席宣读

第一，名项议题

甲	局章解释之权应归院有	交审查
乙	请更定法官养成所新章	取消
丙	规定协饷办法	取消
丁	划分国家税地方税统一办法	加入汤君高君起草
戊	区分国家税地方税之性质	与前合并

第二，融合满汉案	取消
第三，规划全国兵工药弹厂提议案	交审查
第四，倡办民团推广实业意见书	交审查
第五，豫备三边战事议	交审查
第六，陕西谘议局质问统税意见书	公决请主席答复
第七，救亡大计意见书	并入民兵案
第八，破坏局章提议纠正案	同前
第九，乡兵条议	同前
第十，欲练乡兵先谋军实案	交审查
第十一，法令公布规则案	交审查

王主席报告："本日议事日表讨论已毕。"

公决："二十八日再开正式会。"

六时散会。

《直省谘议局议员联合会第二届报告书》，京师北洋印刷局1911年刷印，第22～24页

联合会第二届第十次会员记事录①

二十八日，正式会第十号。

下午一钟开会，到会会员三十六人。

主席往谒政府，王副主席代理主席。

主席报告："今日往谒政府者，共五人，谭延闿君、汤化龙君、王景禧君、陈(敝)【黻】宸君、袁金铠君。"

主席宣(续)【读】议事日表：

第一，各省筹办团防案	审查委员会提出
第二，纠正宪政馆破坏局章案	同上
第三，豫备三边战事案	同上
第四，法令公布规则案	同上
第五，讲武社简章	起草员孙洪伊、牟琳、吴赐龄提出
第六，注重边务界务案	山东谘议局提出

又报告："上海期成国民会来电，为赞成民团事。"

又云："今日议事日表第一条，系各省筹办团防案，请审查员报告。"

孙洪伊君报告审查大旨。

李素君云："审查报告，本会员极赞成，原呈文似不妥协。"

---

① 标题为重拟。

张国溶君云："本会员系起草人，当初委任起草时，本云名义，要用腐旧者，期邀政府允准。前日又有议决，本会员未在场，是以仍照原议起草。今审查会既另拟办法，本会员也甚赞成。"

主席云："备补兵办法，如素有研究者，请陈说。"

吴赐龄君云："备补兵，所以补常备之不足。常备如有(捐)【损】失，即可以此补充，且可作留守之用。此议本是湖北张统制倡的。"

牟琳君云："军事问题，欲从根本上解决，非实行征兵不可。与其办备补兵，徒糜巨款，莫如采湖北某君缩短征兵办法较好。"

吴赐龄君云："牟君言论太高，其实征兵非调查户口清楚，万办不到，且办备补兵亦无须巨款，不必另筹。"

牟琳君云："吴君所云不必另筹，款是否可从天外飞来?"

吴赐龄君云："我们以书生谈兵，究无十分把握。此事是军人倡议的，想来可以办到。"

牟琳君云："即办征兵缩短期限，岂不甚好?"

张国溶君云："练民兵本是急则治标的办法，备补兵，一面根据部章，一面可收些实效，甚妥当。若如牟君所云，理论固高，确是根本上计划，虽然，我们根本问题虽不可不顾，试问徒缩短期限，于军事上能否完全？即完全，试问部章能改不能改？即能改，试问此法可否行诸久远？而调查户口，种种手续，能否一时即办完全？因有此许多难解决的问题，所以莫妙于先从治标上着手。可否先就审查报告研究研究？其余俟另行提出。”

孙洪伊君云：“缩短征兵现役，若从备补兵上着手则可，否则直不能办，因备补兵已有六月之练习，若凭空缩短，甚非计也。且备补兵每县只练两小队，每月所费不过二百余金。”

牟琳君云：“如此，则全国千余州县，须百万，恐不易筹。”

吴赐龄君云：“我们究是门外汉，此事在军界中人云，确有一定之把握。”

牟琳君云：“若纯恃若辈说是就是，我们即可不议。”

主席云：“此是军事问题，须从实际上研究，究竟去年豫算有无此款。”

牟琳君云：“未见。”

孙洪伊君云：“原议起此草时，本拟作一空论，请政府与各镇协商。后因恐本会通不过，故有此议。”

易宗夔君云：“民兵既是急则治标的法子，若照此办法，纯恃委托政府去办，恐于尚武防患二者，均不相涉。”

主席云：“大家看，若作一空论如何？”

易宗夔君云：“莫妙于恳恳切切请政府提倡较妥。”

何印川君云：“赞成此说。”

孙洪伊君云：“大家皆抱民兵（民）主义而来，是以提出议案，不谋而合。然究竟办民兵是为做什么？大约宗旨仍是对外。既对外，则当以国家为前提，不应问是民办、是政府办。若论款项，则办民团亦非无款可办者。至于征兵纯恃义务、不费国帑一文，恐中国人民程度不能到此。”

阎凤阁君云："即使备补兵，也是仍旧办不到。"

主席云："关于民兵案，各省提议者甚多。提出后，即经多数主张要求政府，遂推人起草。翩日又研究公司办法，结果又得一讲武社。当日原推起草员亦未到场，所以起草仍照原议措词。当时本会员即谓，原呈与讲武社宗旨两(岐)【歧】，而大家皆云可以通融，至交审查后，结果又系如此主张，是纯与讲武社分而为二矣。"

吴赐龄君云："莫妙于先就此要求，允准更好，不允，我们即办讲武社，亦两不相妨。"

何印川君云："先问大家是否承认此报告？如不承认，直不必讨论。"

主席云："可请表决。"

丁宗峄君云："备补兵万办不好，既有军界中人倡议，何妨由各镇统制要求，似较我们有力。据本会员看，此问题无可表决，不如专就讲武社说。"

孙洪伊君云："可否作提倡尚武的一空论要求政府？"

牟琳君云："根据前数日上谕，办讲武社甚好。"

易宗夔君云："原呈稿本甚妥当。"

窦以珏君云："此等事，全在人心。人心若固，无不可为的。"

高登鲤君云："似此，则备补兵一层可取消。明日再议上奏稿子。"

主席云："今日时间已过，可延议。"

众赞成。

六时散会。

《直省谘议局议员联合会第二届报告书》，京师北洋印刷局1911年刷印，第25～28页

联合会第二届第十一次会员记事录①

二十九日，正式会第十一号。

下午一钟开会，到会会员二十三人。

主席报告："本会会员原系五十四人，因除去请常假者十一人，故二十三人即为过半数。"

又报告："杨君寿函，为请变通议事规则，凡有到会十人以上，即行开会事。"

梁善济君云："少数人开会，恐于表决不便，如因到会人数少迟，莫妙〈于〉将期会时间稍延长。"

汤化龙君云："此两者均系改章程事，然比较总是推缓时间为妙。"

主席云："可由办事处通知，请诸君丁午后一时准到会，如逾三十分钟，即照例开会。"

又云："昨日公谒政府事，请汤君报告。"

汤化龙君："日昨共到七处，只见两处：一曹侍郎汝霖，一世中堂。民兵问题，大约无不赞成。至皇族不可充当内阁一事，曹侍郎先云事实上恐做不到，经同人辩论，伊始允以次官资格代达。至于世中堂，亦云此次内阁，本系试办，并非正式

① 标题为重拟。

内阁。后同人略为驳辩，伊亦允以格人资格代为转达。昨日归宿如此。”

梁善济君云：“今日尚继续赴他处否?”

主席云：“因民兵议案尚未决定，是以未去。今日议事日表是延议的，第一案是审查报告民兵案，日昨讨议，未能终结，请继续研究。”

汤化龙君述审查报告大旨。

张国淦君云：“此案昨经辩论甚久，大约以为原稿系办团防，而审查却言备补兵所以生出许多(辨)【辩】难。今日本起草员向大家声明，先请将原稿取消，然后再议审查报告。”

主席云：“如此，即请大家研究审查报告。”

何印川君云：“昨日反对之人均未在场，今日恐不便讨论。”

梁善济君云：“日昨反对者，第一是恐增加负担；第二是如果出于强迫，必生许多骚扰。既有此种种怀疑，则今日遽行表决，恐生出意见。可否将文字作得稍空，庶于大家心理上稍和平。”

张国淦君云：“今日只问我们是否有议决权，既有此权，则可表决，不必存许多顾忌。”

孙洪伊君云：“增加负担一层，请大家注意。”

汤化龙君云：“讨论自然是不厌求详。”

袁金铠云：“备补兵虽好，然仍统辖于陆军部，恐于社会上心理不合，文字总以稍空为好。”

汤化龙君云：“我们主张以乡团为名，以征兵为实，绝办不到。现在所主张者，能邀允固好，不允，仍与乡团不背，且可得多数民兵教员。”

何印川君云：“本会员所反对者：第一，办此不能得社会欢迎，恐劳而无功；第二，此权是否在民，抑在政府；第三，款项究竟有无把握。”

汤化龙君云：“欲办民兵，非有军事教育不可；欲有军事教育，非有教习不可。备补兵若练出一班，就可当我们的教习。何君是受父老兄弟嘱托而来，大家又何尝不是？不过，直办民兵，必至将来养成些无用之人，仍无实效。我们现在办事，不能不利用父老兄弟之心理，以为有益之事。”

余敏时君云：“乡团办法，是不如备补兵妥当，因团防无统系，不能应用也。不过备补兵须研究款项，究竟截旷是否可指，却不必在国家地方上研究。”

袁金铠君云：“汤君所主张备补兵，是用国款练出人才，为民兵豫备教员。如此，则与民兵并不背。若说专办此，而不办民兵，则未可也。”

何印川君云：“我们因国家之兵不可恃，所以要办民兵，备补兵仍属国家性质，恐非百(性)【姓】所乐为。”

谢远涵君云：“此事已提议多日，仍不能不办。昨日(辨)【辩】论之人，皆未到场，且此报告，昨日已有取消之说，今日若再表决，不免生出意见来。若据本会员看，昨日所(辨)【辩】论者，第一是负担，第二是骚扰，将此二者闹清楚，则亦无甚毛病。”

孙洪伊君云：“现在详细核算备补兵款项，全国每年不过用三百万，以陆军部之力，办此似尚易，况防营裁款究竟尚能拨些，以资挹注也。”

方贞君云：“既不增负担，又无骚扰，则昨日取消之说已无效，我们即起草如何？”

主席云：“现在人太少，不便表决，可否推人先起草？”

梁善济君云：“起草后再通过无妨。”

余敏时君云：“起草用何名目？”

梁善济君云：“仍是用备补兵。”

袁金铠君云：“所定银数太少，招募时，人不应募是一层困难，即应募，亦难保无无赖混杂其中，可加入由地方自治团体劝导选送较妥，起草员仍可推张君国溶。”

众赞成。

主席云：“第二案以下，均系审查报告，请审查长报告。”

汤化龙君陈述大旨。

主席：“请赞成报告者起立。”

全体起立，并公推萧湘君起草。

汤化龙君报告第三案。

袁金铠君主张：“各省自(已)【己】分办。”

张国溶君主张：“拟出几个条件，以便共同一致。”

梁善济君云：“各省对于此等事，感觉各自不同，定条件不便。”

余敏时君云：“编入教科书，似有滞碍。”

高登鲤君云：“敝省曾将日本虐待台湾情形，编成白话，由各学堂及各议事会讲演，颇足以感动社会，若编教科书，诚不便。”

主席：“请赞成审查报告者起立。”

全体起立。

汤化龙君报告审查何君印川意见书大旨。

袁金铠君主张：“此系意见书体裁，倒应不列为议案。”

何印川君云：“实业究竟不可不办。”

张国溶君主张：“作为一篇结实文字，通告各省。”

公决：“请何君再作一详细报告。”

汤化龙君又报告第四案。

公议：“作一条件，归入萧君起草案。”

公决：“再照章延会十日。”

主席报告：“下星期一日开会。”

六时散会。

《直省谘议局议员联合会第二届报告书》，京师北洋印刷局 1911 年刷印，第 28～31 页

联合会第二届第十二次会员记事录[①]

五月初二，正式会第十二号。

下午一时开会，到会会员三十一人。

主席宣读议事日表：

第一，呈都察院代奏稿	审查委员会修正
第二，注重边务界务案	延议

① 标题为重拟。

第三，速编宪法交院协赞案　　　　　　　　起草员萧湘提出

主席报告江苏沈亮亮君改良私塾意见书。

张国溶君云："本会章程未规定会外请愿办法，请将原书分布，公同看过，再定办法。"

主席报告呈都察院代奏稿修正案。

张国溶君云："当初本意，原注重在皇族不得充当内阁，后以事实甚难，再三讨论，遂专注重于总理前次议定，一面呈请代奏，一面与政府接洽。未审谒见政府之结果如何。"

主席云："公谒政府，于备补兵一事，大致均表同情，惟须与陆军部酌商。至皇族内阁，本会意思虽已表示，然一时尚难得其承认，请先研究呈稿。"

王景禧君云："宜注重于皇族不得充当内阁，不应专从新简内阁总理大臣着手。"

张国溶君云："王君未到会以前，已经研究数次。前多主张不得令皇族充当内阁，后来又谓宜注重皇族不得充总理较易为力。故此文专如此立论。"

汤化龙君云："文章应修改处甚多，请讨论。"

主席云："谒见政府时，即专言皇族不得充当总理。"

梁善济君云："见政府时，汤君发言极多，仍请汤君修正为是。"

公推汤化龙修正。

主席云："边务界务案，系山东提出，请王君报告。"

王景禧君报告本案大意。

何印川君云："界务事屡生交涉，最关重要。吉林现在决

意立界务学堂，专研究条约与国际公私等法。”

汤化龙君云：“外交事，资政院不得过问。此种问题，似不能提出于资政院，请大家切实研究办法。”

主席云：“大家有意见，请讨论。”

汤化龙君云：“欲决此问题，须先从改革资政院章程及谘议局章程条文上着眼。”

陈登山君云：“可否设立筹边协会切实调查?”

张国溶君云：“即令各省有界务总会，调查极详细，然至呈交督抚，或不认可，仍归无效。”

王景禧君云：“山东常有私法上之事，往往牵动交涉，督抚不令过问，自行上奏。”

方贞君云：“去年宪政馆与督抚往来电文，有关于本省权利存废事项，交局协议，可以援据立论，河南为矿务事，即据此请求，曾有效。”

汤化龙君云：“界务系国家事情，与矿务不同，不得谓之本省权利存废事项。”

张国溶君云：“方君言有道理。各省保存各省人民土地，不得谓非本省之权利。”

王振垚君云：“本省权利存废一条，即欲加人民土地在内，亦不过行政区划变更问题，非国际公法上事。各省可以自由建议，不必请求资政院。若但设一筹边研究会，各省亦可自由组织，亦与资政院无关。”

何印川君云：“界务学堂事，请大家仔细研究。”

王振垚君云：“法政学堂可以研究国际公私各法，似不必专立学堂。”

张国溶君云：“此事根本上之解决，在宪法之参与。将来不审能否达到目的，若就张、方二君所言，根据馆电，实为现时一种简易办法，即或设立筹边会自行调查，亦无不可。此案似无须交付审查。”

汤化龙君云：“各省如有边务，自行调查。一面建议，一面通知各省。”

公决：“不付审查，推定王景禧君起(通告书草)【草通告书】。”

主席：“请萧君报告速编宪法交院协赞案。”

萧湘君报告本案大意。

张国溶君云：“文章主义极好，可稍修饰文字，或增删或修改，要以不背原意为是。”

汤化龙君云：“此文可不付审查，所研究者，不过文字之关系。”

主席云：“请赞成此案成立者起立。”

多数起立。

张国溶君云：“请讨论禁烟问题，并请研究不承认中英条约之手续。”

主席云：“本会章程，有一人提倡、多人赞成，即可作为议题。可否即推张国溶君起草？”

梁善济君云：“主意宜先研究。”

高登鲤君云：“此题有研究余地。”

袁金铠君云：“我辈业将名衔开送禁烟总会，呈请上奏，若再有反对条约之举，似不合。”

梁善济君云：“前开禁烟会，当场议决由各省谘议局会员商定一同遵守方法。现今自应有此研究。”

张国溶君云：“禁烟问题久已发生，现又订中英条约，此约不废，万不能禁烟，势非力争不可。”

公推张国溶君起草。

五时散会。

《直省谘议局议员联合会第二届报告书》，京师北洋印刷局1911年刷印，第32～35页

联合会第二届第十三次会员记事录①

五月初六日，正式会第十三号。

下午一时开会，到会会员二十五人。

主席宣读议事日表：

第一，讲武社简章　　审查委员报告

第二，规划全国兵工弹药厂案　　同上

第三，救亡[大]计案　　同上

第四，划分国家税地方税案　　顺直谘议局、山西梁善济提出

主席报告桂林来电为请提议变更会议厅组织事。

高登鲤君云：“会议厅组织，官三绅一，议论取决多数，窒碍甚多，宜变更。”

---

① 标题为重拟。

郭志仁君云："高君说甚是。"

孙洪伊君云："可付审查。"

公决交付审查。

主席："请报告讲武社简章。"

梁善济君代审查长报告大旨，并陈明讲武社应改为体育会。

主席请讨论。

易宗夔君云："体育会较妥。"

公决："定名为体育会。"

主席云："原章与审查修正无大差异，请讨论是否仍用原章，抑或另行审查。"

公决："作为延议。"

主席："请讨论呈请代奏稿。"

公决："请主席修正文字。"

主席云："规划兵工弹药厂及救亡大计两案，请审查会报告。"

梁善济君报告大旨。

主席："请赞成报告者起立。"

多数起立。

主席云："划分国家税地方税办法一案，请讨论。"

张国溶君云："宜研究起草员所言着手办法。"

梁善济君云："请在京资政院议员担任开院提议。"

张国溶君云："谘议局不能办，而委之资政院议员，此办法不合。"

高登鲤君云："俟各谘议局详细调查后，再交资政院，并非以委托了事。吾辈可先研究着手方法，再通告各省。"

众赞成。

五时散会。

《直省谘议局议员联合会第二届报告书》，京师北洋印刷局1911年刷印，第35～36页

联合会第二届第十四次会员记事录①

五月初七日，正式会第十四号。

下午一时开会，到会会员二十一人。

主席宣读议事日表：

第一，宪政馆破坏局章请提议纠正案　　起草员萧湘提出

第二，请增练备补兵案　　起草员张国溶提出

第三，讲武社简章案　　延议

主席报告："留东归国代表电，为赞成民兵请从速解决事。"

主席云："今日第一案，系萧君起草。萧君未到会，请诸位就原草讨论。"

汤化龙君云："文章甚好，惟文章字句间宜稍更止，无须讨论。"

梁善济君云："即请正副主席修改文字。"

---

① 标题为重拟。

众赞成。

主席云："第二，请增备补兵案，请起草员报告。"

张国溶君报告大旨。

主席云："请就文字讨论。"

袁金铠君云："月饷给银一两，恐各省不尽能办到。"

张国溶君云："备补兵每月不过操演十天，其余二十天尚可以自由执业，饷银一两，似属可行。"

何印川君云："此文甚好，但本员对于此案，稍有意见。因与从前民兵宗旨不符也。"

张国溶君云："此案从前本云不必要求政府，后大家讨论，恐各省不能一致，遂定议一面请求政府，一面自办讲武社，又经审查，以为不如办备补兵。其实，既言兵，即国民皆兵，仍是公同一致。"

何印川君云："言兵，则归国家节制，民间仍思自办。我辈主张，似与国民心理不合。据本会员看，不如以豫备巡警为名，似与社会心理相应。"

张国溶君云："请增筹备兵是一手段，名为为国，实亦为民。"

袁金铠君云："何君所言，是恐不能合于社会心理。据本会员看，可将名称稍为更正。当初有主张自办民团者，后来改为备补兵，原不过是种手段，将来似乎总要达到民兵目的。文中可将民团略提，不要说坏好，留各省自办地步，并将讲武社加入。请讨论。"

方贞君云："此案有两层，一归国家节制，一归民自办，不能作成一篇文章，若加入讲武社，必起政府之疑。”

梁善济君云：“自办讲武社、民团等，皆为国家补助，请加入。”

方贞君云：“一篇文章，不便兼此二义。”

梁善济君云：“文字虽不能容二义，事实却可归于一。”

王振垚君云：“是否名为备补兵？抑名为豫备兵？”

张国溶君云：“因不便下决定字样，故有如此措词。”

公决：“作为定稿，由正副主席修正。”

主席云：“讲武社昨日决定改为体育会，昨日延议，今日可先决定用何章程，再逐条讨论。”

杨寿籛君云：“省会设体育会，首县是否仍设体育会？”

张国溶君云：“各省发起组织人，俟体育会成立之后，是否仍归各团体，抑设立总会？”

高登鲤君云：“据本会员意思，须设总机关，各州县于体育会之外，亦应设一事务所。”

张国溶君云：“教练所至多不过办三期，消灭之后，总宜有总机关审查会章程可用。”

汤化龙君云：“据本会员意思，教练所系各团体所组织之事业，只推定社长一人便可。”

张国溶君云：“教练所终不能永久存在，似非另行组织不可。据本会员意思，总是由各省自定章程，或设干事会，或设董事会方妥。”

主席云：“汤君主张，是认定教育会为一种事业；张君主张，是另设一机关。请大家讨论。”

方贞君云："章程不过大概情形，其详可由各省自由规定。"

袁金铠君云："方君言甚是。"

公决："就审查报告原意，再交审查会修正，加入有统系一层。"

主席云："内阁不宜用皇族总理呈稿，是否尚须斟酌递呈列名先后，并请决定。"

公决："请汤君自行斟酌，递呈列名按省纲。"

五时散会。

《直省谘议局议员联合会第二届报告书》，京师北洋印刷局1911年刷印，第37～39页

联合会第二届第十五次会员记事录①

五月十一日，正式会第十五号。

下午一钟开会，到会会员二十一人。

主席报告汉口商团来电为争阁制事。

又报告："何君印川来函，为本局劾陈抚玩视火灾事。"

何印川君报告："当时吉省遭火及官府逃避情形。"

主席云："阁制、豫备兵两呈已递，不久即可上奏。入奏之后，我们应有如何办法，似须讨论。"

孙洪伊君云："以后办法，此时恐难豫定。不过，我们须研究研究，是否继续进行？"

---

① 标题为重拟。

汤化龙君云："继续是当然的。顷与谢先生谈，云须有质问政府一篇文字，也(狠)【很】关重要。我们本来只能打笔墨仗，若并此不办，未免灰天下人之心，招局外之讥诮。本会员总主张继续。"

何印川君云："本会员赞成汤说。"

黎尚雯君云："此事发表若在闭会后，应如何?"

孙洪伊君云："若上质问案，在闭会前上也来得及。不过，质问须分两层：一、伊所主张者，是否完全？一、所主张者是否负责任？而归宿在遇事即下硃谕，以为大臣卸责之地，甚不合，须请取消此制。至于其余，如铁道国有政策，似须质问邮传部；陆军计划，似须质问陆军部；外债政策，似须质问度支部。凡此三者，皆足以亡国而有余，我辈及时说说，将来尚可对国人。似乎均应质问。"

主席云："适才报告，系对以上两案而言。至孙君所主张，系另一问题，请大家讨论。"

张国溶君云："此两案发表，不知究在何时，而同人又不能不回去。现在我们只好第一，先问本会是否委人在此处担任各事；第二，若用文字为继续手段，今日即请表决主意，以便将来进行。"

主席云："张君所主张，诸君以为如何?"

孙洪伊君云："我们若专做文章，则委几人即可。若谓继续办法，非联合各省，另觅一地方办办不可。"

梁善济君云："继续委托几人作文却易，然有效与否，恐不敢必。"

张国淦君云："本会员所以主张留人者，不过是作一通信机关，若只作文，则即日可就。"

孙洪伊君云："我们可通知全国报界，俾壮声援。"

主席云："欲继续，似非委人不可。不过，此事本无了期，委人亦觉不妥。"

孙洪伊君云："暂时委几人办本会未竟各事，以后则可委托在京一班人。"

主席云："孙君所主张，大家以为如何？"

方贞君云："委人不妥。"

梁善济君云："质问政府案，应如何？"

汤化龙君云："我辈主张反对内阁一案，其余皆可包括，不必对各部质问。且孙君所言硃谕一层，近来亦无此种事实。"

王振垚君云："顷孙君所言各种政策，直出乎前两案之外，另发生新问题，不得谓之继续。欲研究继续办法，似须先定继续范围。"

孙洪伊君云："前两案，非俟上谕发表后，不能继续进行。现在所云，是专说对于政府表示一切怀疑者。"

袁金铠君云："继续之事，大可令资政院去做。"

张国淦君云："资政院未开会，我们何妨先替他说说。"

主席云："今日所讨论，本系继续问题，后来又研究到质问政府，请注意！"

孙洪伊君云："继续与质问，须分说。"

主席云："大家如认质问为必要，则可委托起草。"

谢远涵君云："起草大约也不甚难。"

王振垚君云："仍是先讨论讨论质问条件。"

孙洪伊君云："质问，应对外债及路政、军政三项说。"

梁善济君云："军事不必说。"

王振垚君云："既拟提出大问题，则不只此数事，即如官制问题、租税问题、国会组织问题，均关重要，只提此两件，似乎挂漏。"

主席(君王云:)【云："王君】说，大家以为如何?"

梁善济君云："此事似非一二言可能定。"

汤化龙君云："可以个人自由上书，并非由联合会上不可。"

主席云："讨论已久，可否先推起草员，再行讨论。"

汤化龙君云："明午可自由提出草案，不必推定起草员。"

大家赞成。

主席云："今日议事日表，第一系体育社简章，审查案可逐条讨论。"

第一条至第三条均通过。

第四条，社长任期改为一年，通过。

第五条第二项，教员四员改为若干员，通过。

第六条，教员一员改为若干员，通过。

第七条至第十三条通过。

第十四条，其详细规则由第一次发起人订定，施行数句删去。通过。

公决："加第十五条一条文为体育社详细章则及未尽事宜，宜由各省斟酌情形，自由订定。"

主席："请赞成此案者起立。"

全体起立，并公决由办事处印单行本通告各省。

主席云："第二，变更会议厅制审查案，请大家讨论。"

大家均赞成审查案。

主席云："如此，似无须表决即可通过。"

众赞成。

又："第三，推广实业意见书，请何君报告。"

何印川君报告大旨。

汤化龙君云："此即可作为征求各省意见书。"

何印川君云："可否提出于资政院。"

汤化龙君云："陈请资政院不相宜。"

王振垚君云："此直是告急书，须由本会加函通告各省。文内字句有不甚明了处，可否请何君修再行修饰。"

汤化龙君云："此函一定要通告各省，无论(加)【如】何，湖北必协助。"

主席云："如此，即可仍交原起草人修正，将来通告时，是用吉林局中名义，抑用何君个人名义?"

何印川君云："用敝局名义。"

主席云："第四，全国实行禁烟一律进行案，请讨论。"

窦以珏君云："可先交审查。"

众赞成。

主席云："第五，呈请提前设立审计院案。请讨[论]。"

王景禧君云："可交审查。"

众赞成。

主席云："第六，对于内阁问题意见书，请讨论。"

张国溶君云："本会系以谘议局为范围，政党事宜，不能滥入。且非达民党内阁一语，亦不妥。"

汤化龙君云："此种主义(狠)【很】危险，我本不赞成。然又想不出好法子来，只好赞成此说。"

主席云："是否通告?"

汤化龙君云："通告亦只以谘议局为限。"

杨寿籛云："只通告谘议局无味。"

袁金铠君云："不纳租税，(狠)【很】危险，不如拼着全国谘议局解散。"

孙洪伊君云："我辈欲办一事，须有彻始彻终的办法。此刻非先将舆论造成熟，不能举事。即使有一小部分起而相从，亦不能收实益，且反以生大害。如去年四次请愿国会，政府略一压制，全国皆若寒蝉，其先例也。"

汤化龙君云："此语诚然。此事将来中国必要有的，不过此时尚不能现于事实。"

王振垚君云："此无多讨论，请暂缓议。"

主席云："如此，即可讨论终止。第七案是注重边务界务通告书，如何?"

王振垚君、汤化龙君云："甚好。"

主席云："如此，即可通过。"

众赞成。

又云："前两呈已递，是否通电各省?"

公决："通电。"

七时散会

《直省谘议局议员联合会第二届报告书》，京师北洋印刷局1911年刷印，第40～44页

联合会第二届第十六次会员记事录①

五月十三日，正式会第十六号。

下午一时开会，到会会员二十一人。

主席报告："上海国民总会来函，为赞成本会议案事。"

又报告："上一次开会，公决质问政府一案，因有须商酌者，故未提出，请大家斟酌，是否再延会几日？"

主席宣读议事日表：

第一，全国禁烟一律进行案	审查委员会报告
第二，提前设立审计院案	同上
第三，请废烟约案	起草员张国溶提出

谢远涵君云："前递两案，明日准入奏，可听听下文。至此案文字，有一二日定可做就，延会二三日，当无不可。"

梁善济君云："此次上奏，文章须婉转些，即可请汤君担任。我们第一步做法，总是先递呈，如不代奏，再直向政府递说帖，再不理，则迳行宣布其罪状。分三层办法，似较好。至于延会一层，可展至十六日。"

张国溶君云："目下应决问题既如此其重，而闭会后，同人未必一二日即能出京，似以展会一二日为是。"

---

① 标题为重拟。

主席云：“上奏案既不可少，明日万来不及，势须延会二日。请赞成此说者起立。”

全体起立。

公推汤君起草。

王振垚君又陈说起草大意，众推王君加入起草。

汤化龙君云：“草稿今晚可交出，明早可先审查。”

张国溶君云：“明日上午开审查会。”

主席云：“照章，须先提出大会，再交审查。此际期限太迫，可否省此一番手续？”

张国溶(云君)【君云】：“可省此一层。”

主席云：“今日议事日表，第一，系实行禁烟一律进行审查案，请报告。”

萧湘君报告大旨。

张国溶君云：“此案文字太不明了，可由办事处酌改。”

王振垚君云：“张君说甚是，如文内第二条甲项及第六条报告一层，均欠妥当。”

主席云：“可否逐条讨论？”

张国溶君云：“此案第一条欠明了，不如打消，另作一报告书？”

主席云：“张君说，大家以为如何？”

梁善济君云：“此不过大致，敝省前一年是已经做过的。”

张国溶君云：“如此，莫妙于本会作一报告书，将禁烟会原章附入，某条不适用者，为之指出。”

梁善济君云：“报告不报告，都无关系。然所须注意者，是各省如有困难，可通告各省，共同想个方法，以便解决。”

王振垚君云：“令各大地主具结及调巡防队弹压，二者恐皆有弊。新刑律是照例官吏须遵行者，亦似不必要求。”

萧湘君云：“若照四川情形，产烟最盛之区，非派兵不能禁绝。”

梁善济君云：“敝省之交文，亦是如此。”

窦以珏君云：“诚然。”

高登鲤君云：“此案可不成立。只有第二条一二两项，其余即均不必要求。可否即将此二条通知？”

王振垚君云：“此案在会场讨论，恐难解决。”

袁金铠君云：“由本会订章程，必难适用于各省。禁烟总会既有详章，我们回省尽可自行斟酌办理。”

王振垚君云：“如此，即可作一通告书，申明资政院原案，不必另提议案。”

主席：“请赞成王君说者起立。”

全体起立。

主席云：“第二，提前设立审计院案，请报告。”

萧湘君述大旨。

主席云：“此案，审查会主张提出于资政院。大家看如何？”

王景禧君云：“该院，照章明年设立。若陈请资政院，俟提出时，已至十二月，似乎毫无效果。”

张国溶君云：“此文可由本人自递，似较爽捷。”

主席云：“如此，则原案不能成立，请赞成不成立者起立。”

全体起立。

又云：“第三，呈请代奏废烟约案，请讨论。”

袁金铠君云：“条约已定，若再令政府改，似非恕道。莫妙于迳行登报以宣布之，不必代奏。”

谢远涵君云：“原稿及袁君所主张，均有理由。鄙意以为，如上奏时，可说外交官对此事既极尽力，外国亦(狠)【很】帮忙，不过，在我们看却适得其反。问他究竟将来效果是否有把握？用极和平说法，大家看如何？”

孙洪伊君云：“谢君所云外国也帮忙一层，不必说。”

袁金铠君云：“就奉天而论，若实行新刑律，则无此种困难，上奏似不必。”

孙洪伊君云：“此事，英国宗教家颇为我助力，至诋其政府为违反人道者。在人且如此，而我反默然，似乎太下不去。”

主席云：“请诸君就上奏不上奏讨论。”

孙洪伊君云：“上奏不上奏，须就利害上比较。上奏，至多不过讨政府一个不愿意，而我们却可种此因。至于条约，虽政府现亦知其不妥。”

张国溶君云：“本会员所主张，系废此种条件。因此，纯系贸易问题，并不能成为国际条约也。本文即专就此立论。”

高登鲤君云：“讨论已久，可请主席表决。”

主席：“请赞成上奏者起立。”

起立者十九人。

丁宗峄君云：“上奏，本议员主张从谢君说法。”

主席云："可交原起草人修正。"

众赞成。

孙洪伊君云："国民公报事，本会员已经担任一年，实在不能再办，请(出)【由】大家另行举人。"

主席云："前次公议，大家分认后，通知办事处。现在只收到山西、陕西二省会员来函，仍请今日当场讨论。"

大家讨论许久，未得终结。因公决："十四日晚八时，在松筠庵专议此事。"

主席云："顷张季直先生来京，我们是否开茶话会欢迎？"

公议："翌日午后欢迎。"

六时散会。

《直省谘议局议员联合会第二届报告书》，京师北洋印刷局1911年刷印，第45～48页

联合会第二届第十七次会员记事录①

五月十四日，正式会第十七号。

下午一时开会，到会会员二十二人。

主席报告："今日四钟，欢迎张季直先生。本会议事，三钟即须终止。"

又报告："昨日，本会委托汤君化龙、王君振垚起草质问政府代奏稿，已经汤君交到油印后，审查会亦经修正数处，请大家讨论，并请起草员先行报告。"

---

① 标题为重拟。

汤化龙君报告起草大旨。

主席云："大家对此案有何意见？请讨论。"

张国溶君云："此文大致不差，如大家有拟增加条件者，请当场提出，否则可由办事处修饰。"

梁善济君云："请王振垚君修正。"

主席云："修正是后一层，文字仍是从大体上决定，是否另有他种意义加入，众均无异说。"

主席："请赞成此案者起立。"

全体起立。

又云："禁烟代奏稿，已由张国溶君修正，请讨论。"

孙洪伊君云："交万国和平会一层，可删。"

陈登山君云："可删。"

主席云："如此，则由倘字下一段皆须删去。"

众赞成。

黎尚雯君云："前禁烟总会呈请代奏时，大家曾列名，是否与此冲突？"

陈登山君云："我们当然要说这个话，不虞冲突。"

高登鲤君云："前在禁烟会是以个人名义，此又用本会名义，两不相妨。"

汤化龙君云："此可无须讨论。"

主席："请赞成此案者起立。"

全体起立。

又："请大家于十六日早七钟前来松筠庵，以便同往递呈。"

三时散会。

《直省谘议局议员联合会第二届报告书》，京师北洋印刷局1911年刷印，第49～50页

联合会第二届第十八次会员记事录①

十六日，正式会第十八号。

下午一时开会，到会会员二十七人。

主席报告："今日例应闭会，所有以后进行事宜，均应讨论。现在，云南顾、张两会员提出关于片马一案，请先研究，并请顾君报告。"

顾视高君报告大旨。

汤化龙君云："此事甚关重要，然不过上奏，亦无效。不如作为我辈攻击政府之资料，若单行入奏，似无甚意思。"

顾视高君云："汤说固善，然若双方并进，岂不甚善?"

汤化龙君云："本会员并非不以此事为然，因即上奏，亦不过开一次阁议。阁议之后，仍是搁置不理，无十分效果。"

孙洪伊君云："此事若由联合会做，恐无效，且牵动其他议案，不如由本会通电各省谘议局，请其电内阁力争，似觉有力。"

张之霖君云："孙说固是，然我辈明知外部之非而不加诘问，似与本会名誉有碍。"

汤化龙君云："并非不攻击，不过须一步一步去做。据本

① 标题为重拟。

会员看，莫妙于第一步先电知各省，同时力争；第二步俟质问各部时，同时提出。”

易宗夔君云：“孙君、汤君所主张，本会员甚赞成。”

张国溶君云：“通电各省，同时电阁力争，较本会递呈尚速，可从此说。”

高登鲤君云：“通知各省较好。”

顾视高君云：“诸君既均(何)【荷】如此主张，本会员亦不能反对。可否请一面通电各省，一面递质问书于外部?”

汤化龙君云：“电即可打，质问书条件，即请顾、张二君拟稿。”

主席：“请赞成此说者起立。”

全体起立。

汤化龙君云：“本会所上四条，皆未发表。今日虽闭会，总是请大家不走方好。”

主席云：“本会前上各奏，均未发表，以后继续应讨论者甚多，请各位讨论大端。”

汤化龙君云：“继续，不过是递呈子，无多研究。至于大家回去后，必须将此次请求不得之情形，宣告于国民，内容即系宣布政府罪状。而各局开常年会时，急须同时提出建议上奏案。总之，内阁问题，我们不能放松一步也。”

王振垚君云：“汤君前所主张，似仍是留人问题。然少数人能否专断，此层似须研究。”

袁金铠君云：“此事即有上谕，亦不过敷衍，总以早走为是。久住，将来恐反(到)【倒】不好下场。”

汤化龙君云："早走固好，然我们所抱之大希望，是改良政府。此事一时既做不到，我们只好求之于社会。若抱救亡目的而来，不能得一字解决，遂烟消瓦解而去，使政府看我们(直)【只】是乌合之众，我们将来定不能再做全国政治上之事。此种影响甚大，请大家详细讨论。"

主席云："汤君所主张，是否是留人问题?"

孙洪伊君云："此非留人问题。因为会既照章不能不闭，而应解决者尚多，是以请多留几位，候候下文。"

王振垚君云："既如此说，则上谕发表，至多不过五六天，何妨大家一同候候? 本会章程本非法定者，如得本会人全体承认，本可变通，何妨暂作休会，大众先不出京?"

主席云："王君说，大家是否赞成?"

全体赞成。

主席云："请讨论公推明年本会庶务、通信各主任事宜。"

汤化龙君云："去年通信主任是湖北，请另推。"

王振垚君云："直隶担任庶务已两年，办理一切，颇不完备，今年请更换，以均劳逸。"

主席云："大家以为如何?"

窦以珏君云："总是仍旧好。"

袁金铠君云："庶务主任当然是直隶的，通信何妨改推湖南?"

众赞成。

王振垚君云："通信更换，庶务不更换，未免向隅。"

汤化龙君云："此是地理上关系，直隶当然不能辞劳。"

张汝桐君云：“通信主任既可轮流，则庶务主任亦应照办。”

张国溶君云：“庶务主任，事实上地理上均当然不变更。通信则与事实及地理均无关系，请改推。”

汤化龙君云：“推湖南，甚赞成。”

主席云：“湖南秋冬以后数月轮船不通，似不便利担任通信，不甚妥当。”

袁金铠君云：“不必推辞，即请表决，庶务仍推直隶，通信推湖南。”

全体赞成。

主席报告：“关于国民公报事宜，前天开会讨论，已将该报欠款三千元大致凑齐，以后即可随意担任。至本会举干事一层，已取消，由本会委托孙君物色一人接办，以不将此报倒闭转卖为限。”

汤化龙君云：“该报馆欠款共五千余元，孙君已担任二千，其余由各省谘议局认凑之三千，须六月交齐。干事一节，由孙君介绍徐佛苏专办此事，惟与订约，不得转卖，不得更名。如实在经济困难时，于三个月前通知各省谘议局，设法救助，仍作为各省谘议局机关。”

主席报告各省认交该报款项：

已缴者

湖北五百元	湖南五百元	四川三百元
福建七百元	山西四百元	云南二百元
奉天一百元	陕西一百元	广西一百元

认缴者

浙江一百元	广西一百元	山西二百元
四川五百元	河南二百元	湖北三百元
山西三百元	安徽一百元	湖南三百元
贵州一百元	山东一百元	福建一百元
直隶二百元	吉林五十元	黑龙江五十元

主席云："本京龙泉寺孤儿院，曾送纸烟二百盒、报告书数百本，要求本会提倡，可否请大家酌量助款？"

公决："每省助款十元以上，由办事处通知。"

主席云："关于片马事致各省通电，由何人拟稿？"

汤化龙君云："即可由办事处拟发。"

四时散会。

《直省谘议局议员联合会第二届报告书》，京师北洋印刷局1911年刷印，第50～53页

联合会第二届第十九次会员记事录①

二十日，谈话会第十九号。

下午二时开会，到会会员二十六人。

主席请假，王副主席代理主席。

主席报告："江苏谘议局来函，为苏议员已全体辞职事。"

---

① 标题为重拟。

又："请大家研究本会继续事宜。"

甘德蕃君云："以后着手须慎重。"

李良材君云："资政院及谘议局皆法定者，有所质问，政府尚置之不理，况非法定之联合会，其无下文亦宜。"

王景禧君云："继续，不过再作一篇文字，仍是无效。与其第二次无效，不如适可而止，尚有做事之余地。"

李素君云："留中太无道理，须设法抵制。"

丁宗峄君云："留中是我们所预料到的，与其在此久留，政府仍是不理，不如到各方面做去。"

高登鲤君云："留中是一定的，我们若再上一呈，请其发表，手续似较完全。"

汤化龙君报告："汉口商团打电，电局不收事。"

于普源报告："鲁抚电奏亦关于亲贵内阁、已被申斥事。"

汤化龙君云："我们对政府仍须上书、另做一篇文章宣布全国。"

谢远涵君云："现在(部)【都】察院内容若何，不得而知，恐代奏与否，(带)【无】十分把握。"

汤化龙君云："凡办事，必须舆论成熟，方能做到。我们现在明知舆论未熟，然不能不做者，因须种此因，以期将来。现于事实也，代奏固好，不代奏，我们天职已尽，此问题好解决。"

谢远涵君云："本会员说的，不是不代奏即不做文章，是问大家，如果不代奏，将来如何办法？"

王景禧君云："我们可直做一篇文章，一面交资政院，一面宣布政府留中之无理。”

汤化龙君云：“总是再请求一番好。”

王景禧君云：“我们两奏，是条陈的性质，与请愿国会至再至三者不同，与其再上，将来关门，不如就此宣布。”

孙洪伊君云：“绝不会关门。”

汤化龙君云：“本会须有一信，将我们议决案附送各督抚及各公使，求其赞助。”

公推王主席起草。

张国溶君云：“再上，仍抱定内阁说，其余皆关政策者，不可提。”

汤化龙君云：“甚是。如此，即可起草，一为上政府者，一为布告全国者。惟布告全国，实质即是宣布政府罪状，须调查实迹方是。”

王景禧君云：“作文后仍无效，我们最后方法应如何？”

汤化龙君云：“宣布罪状，唤起舆论，九月，常年会同时提案，陈请资政院。”

张国溶君云：“何妨现在即留一陈请书于资政院？”

主席云：“宣告全国文应如何措词？”

汤化龙君云：“即云我们系受父老兄弟委托而来，所研究者已有数案，而政府竟置不理，我们现在至此已无他法，只有将政府现在种种不法情形，布告大众云云。”

王主席云：“现在主张，一面再上都察院代奏，一面交资政院陈请，一[面]布(先)【告】全国。大家看如何？”

丁宗峄君云：“大概无不赞成者，请求速些。”

汤化龙君云："速好！请主席委人起草。"

主席云："伊若关门，我们尚研究否？"

汤化龙君云："关门，也不过不代奏，我们仍可说话。"

袁金铠君云："甚赞成此事。"

主席云："大家既赞成，即请皆不出京。"

又云："今日推起草，须二十一日交到，二十二日即开会。"

公推汤、张二君起草。

汤化龙君云："上都察院者，本会员担(认)【任】；布告全国者，可由张君担(认)【任】。"

张国淦君云："此稿稍难做，拟开会前二三日交到。"

主席云："交资政院案，由何人起草？"

公决："仍交汤君担(认)【任】。"

五时散会。

《直省谘议局议员联合会第二届报告书》，京师北洋印刷局1911年刷印，第54～56页

联合会第二届第二十次会员记事录①

五月二十二日，正式会第二十号。

下午一钟开会，到会会员二十四人。

主席报告："云南代表段宇清、李增二君今日到会。"

又报告："顺直谘议局来函，为遵电已电内阁事。"

① 标题为重拟。

又报告："安徽谘议局来电，为三电均悉、已电内阁事。"

又报告："上次议决上书，公推汤君起草，兹已油印分布，请汤君报告。"

汤化龙君报告大旨。

袁金铠君云："萁豆之忧，伏于萧墙之内二句，稍刺目，可否或去、或变为挥括语？"

易宗夔君云："此文甚好，今日本会员又有所闻，现在朝廷所以不得不用庆王之故，确系为抵制垂帘，文内可否预防此层？"

汤化龙君云："此问题不能发生，如果发生，必生大乱，我们所主张者若能达到，则其余皆(解)【迎】刃而解。"

易宗夔君云："本会员又闻，即推倒皇族内阁，而以满、汉、蒙、回、藏五处人为总理大臣，仍须与亲王相维系，不然，不能保全其地位。"

汤化龙君云："袁君所说萁豆之忧两句，(甚不好改)【甚好，不改】。"

黎尚雯君云："唯应退告国民二句可去。"

袁金铠君云："可去。"

于普源君云："此是二次呈请，文字起首语气稍差。"

汤化龙君云："甚是。"

易宗夔君云："大体不差，可交原起草人修正文字。"

主席云："大体前日已经讨论定局，如文字无甚异议，即可交原起草人修正，请赞成此案成立者[起立]。"

全体起立。

又云："昨日议决致各公使函，已由王君起草，请报告"。

王振垚君报告大旨。

汤化龙君云："此无须表决，可请主席与副主席斟酌文字，即行缮发。"

主席报告："二十四递呈，仍照从前办法。"

又云："云南段、李两君曾云有报告事情，请报告。"

段(字)【宇】清君云："本会员代表与会，因铁路中断，到会少迟，抱歉之至。片马界务，为敝省最重大之问题，曾由顾、张两君提议，现已通电各省，将来继续办法，仍恳诸公念片马非云南之片马、乃全国之片马，片马失，则云南失，云南失，则中国不保，总恳极力维持。"

汤化龙君云："关于此事，湖北已有来电。"

李增君云："通电若无效，只有求政府交海牙和平会公判，若再不成，云南人只有一死而已，务须大家设法维持。"

主席云："此事已经本会通电各省，已有几省覆电。可否请大家就李、段两君所云讨论?"

袁金铠君云："此事，张、顾两君提出时，大家仔细研究，以为递呈不甚妥当，所以通电各省，请其迳电内阁，大约办法只能如此，其他办法，似非本会所能言。若大家以为两君之来，专为此事，应有以慰之，则即做一篇文章，于二十四日再呈递，亦无不可。"

张之霖君云："袁君说是。若能一同入奏，本会员极为赞成。"

李增君云："此事并非提出大会，即期于成，不过是我们受父老嘱托而来，不能不向大家陈述意旨，并聆教益。”

袁金铠君云：“此有两办法：第一，呈请代奏；第二，作一(慨)【剀】切文字上外部，请大家讨论。”

主席云：“袁君主张，大家以为何如?”

张之霖君云：“袁君说甚是。段、李两君自滇来时，曾面谒李仲帅，伊亦主张由本会对政府上书。书上，致伊一电，伊再来电一催，庶可稍有补裨。”

张国溶君云：“此事说到究竟终是空话，然又不能不说。袁君二说，似以后者为是，以直上外部能尽其词也。我们现在欲办事，非有一彻始彻终办法不可，如有办法，则直与外部拼命均妥，若无，则空做文章，仍是无益。所以，本会员(狠)【很】希望云南代表诸君，有一确切办法。”

主席云：“上次研究上奏，大家皆不主张，因徒上空文，无补于事也。今日张君所主张，亦系要有办法。”

汤化龙君云：“袁君两说，本会员主张第二说，然亦是无聊之极。不过，云南代表受父兄委托而来，本会若对之无声无臭，似不甚合，故主张如此。二代表当必有一妥协办法。”

主席云：“现只有两办法：一上奏，一上书。如上书，应如何措词，是否先由二代表递意见书于本会?”

段宇清君云：“外交之事，系以兵力为后盾，既不能言兵，只好求政府交海牙平和会，将界划清，总要求驻君向政府陈明。”

王振垚君云：“云南二代表万里来此，幸本会未闭会，正好讨论。现在即可决定是上奏、是上书。若起草，则云南代表洞彻情形，似可偏劳。”

汤化龙君云：“本会员所以主张上书者，因若上奏，则外部可疵议之处尚多，直言不胜言，是以主张如此。”

主席云：“可否就上奏、上书表决？”

高登鲤君云：“仍是专就上书表决。上奏一层，从前已经表决。”

主席：“请赞成上书者起立。”

全体起立。

又云：“既全体表决，即可请段、张、李三君起草。”

众赞成。

又云：“此后如有事故发生，再行开会。”

公决：“上外部书某日脱稿，即于次日开会。”

五时散会。

《直省谘议局议员联合会第二届报告书》，京师北洋印刷局1911年刷印，第57～60页

联合会第二届第二十一次会员记事录①

五月二十六日，正式会第二十一号。

下午一钟开会，到会会[员]二十一人。

主席云：“上次开会，云南代表提出片马交涉事宜。公决由本会委托李、张、段(两)【三】君起草，现已油印，请大家讨论。”

孙洪伊君云：“仍上外部。”

① 标题为重拟。

汤化龙君云：“上外部亦必开阁议，与上内阁同。且此事究竟是外部专责，本会员主张不上内阁。”

顾视高君云：“现在外部已上详细说帖于内阁，预为卸责之地，上外部恐无效。”

孙洪伊君云：“内阁收复否不可知。且若上内阁文字，即须改。”

汤化龙君云：“此文只能上外部，不能并上内阁，收与不收，并无关系。”

主席云：“先请决定是否并上内阁，如并上，文章是否改变?”

顾视高君云：“上内阁较好。”

王振垚君云：“照文章看，并上亦可。”

主席云：“请分二层决定，一层是上内阁，一层是再改文字。”

汤化龙君云：“上内阁文，须与上外部者相应，我们只有请重勘一法，须申明。”

主席云：“如此，则须修正，是否请原起草人修正?”

孙洪伊君云：“仍是原起草人修正，将前后情节仔细斟酌，惟文不可太长。”

顾视高君云：“请主席定某日递呈，以便早交。”

主席云：“未开会时，所有议案应交审查。可否起草后交审查长?”

汤化龙君云：“此案原文甚不清晰，无须交审查。”

孙洪伊君云：“文作好，可交审查会修正。”

主席云："新内阁官制未定，不能收呈，只有致总协理。然对于机关与对于个人说话文字又当有区别。"

袁金铠君云："若以本会名义致函个人，甚无味。"

孙洪伊君云："若内阁不收，何必多此一举？"

主席云："此文修改，大约叙事要加详，办法要明了。"

顾视高君云："办法只有重勘，若叙事加详，恐太烦琐。"

孙洪伊君云："既云重勘，须有理由，不能不稍详。"

主席云："上书日期，是否在二十九日以前呈递？"

汤化龙君云："总以快些好。"

段宇清君云："若事宜加详，请少缓几日。"

主席云："作文总以愈快愈好，做成后，是否开大会？"

孙洪伊君云："可交审查。"

顾视高君云："内阁当递否？"

丁宗峄君云："内阁既不收呈，可以不递，且外部长官即是内阁总理大臣，效力相同。"

汤、王两君："主张甚是。"

主席云："如此，即仍推原起(等)【草】员修正。张君告全国书已交稿，可否先油印分布？"

汤化龙君云："请付油印，赶于月终闭会。"

主席云："上外部呈人名，如何排列？"

公决："云南在前，并多去人。二十九日闭会。"

五时散会。

《直省谘议局议员联合会第二届报告书》，京师北洋印刷局1911年刷印，第60～62页

联合会第二届第二十二次会员记事录①

五月二十八日，谈话会第二十二号。

下午一时开会，到会会员二十二人。

主席报告应议事件：

第一，宣告全国书　　本会委任起草员张国溶提出

第二，请重勘片马界务呈　　本会委任起草员段宇清、李增、顾视高、张之霖提出

第三，陈请资政院提议皇族不宜充内阁案　　本会委任起草[员]汤化龙提出

张国溶君报告宣告全国书大旨。

袁金铠君云："此文太长，当场不能讨论，可由各人回去详细看看，如有意见，再提出修改，请另提他案。"

主席云："袁君说，大家是否赞成?"

众赞成。

又云："大家既赞成袁君说，则此稿大体必系承认，其余不过修正文字。请赞成此案成立者起立。"

全体起立。

主席："请云南代表报告第二案。"

张之霖君报告呈文大意。

---

① 标题为重拟。

孙洪伊君云："此稿大致不差，惟胶州、大连永租之说，措词欠妥。"

丁宗峄君云："此稿可送审查会，由汤君与云南诸君逐字讨论，即可成立。"

袁金铠君云："原议有请开阁议一层，文内未说明。"

汤化龙君云："此稿大致不差，可作为成立。"

主席云："请赞成者起立。"

全体起立。

又云："陈请资政院稿，汤君起草，请大家讨论。"

袁金铠君云："此无须讨论。"

主席云："如此，即可通过。现应各事已毕，请讨论明日是否闭会。"

汤化龙君云："此事，我们一时不能完结。闭会之后，最要须有通信机关，可否即委宪友会代任此事？"

张国溶君云："此尚可加一句解释，委任宪友会，只委任宪友会通信，绝非委任宪友会执行。"

孙洪伊君云："宪友会宗旨与本会相同，本可以委托，然委托通信机关者，为消息灵通也。宪友会非开职员会，不能自由行动，恐遇紧急事项，反生迟滞。且在此任通信者，难保无危险，若然，则与其牺牲团体，不如牺牲团体中之个人。此事，本会员以为能设一常任机关固好，不然，莫妙于委托几个人。"

汤化龙君云："孙君之说甚是，本会员极赞成。"

张国溶君云："既委任几个人，是否设一通信部？"

汤化龙君云："外边有通信主任，如有消息，由在京通信部知会通信主任最好。"

主席云："本会在京人甚多，是否人人担(认)【任】，抑或提出几个人担(认)【任】?"

孙洪伊君云："通信是否专任?通信抑另有作用?据我看，此事达目的固甚难，然不可不使全国对此事风声日盛一日，即由本会委两个人，每月作两篇文章，发登全国六十余报馆，似乎(狠)【很】有效力。"

主席云："如孙君主张，则通信部所办之事甚多，请大家讨论。"

张国溶君云："委托通信即可专任通信，若是自由活动，大可由个人的量办理。"

主席云："张说甚是。大家量无不赞成。委人一层，是否正式委任，抑自由委任?"

袁金铠君云："可委托孙伯兰君。"

众赞成。

孙洪伊君云："委任通信，本会员能担(认)【任】与否，尚难定。惟无论如何须有通信费。"

王振垚君云："孙君方才云牺牲全体不如牺牲个人之说固好，然个人行踪无定，如不在京时，消息万难灵通，莫妙于即委任国民公报馆。"

主席云："究竟是委任孙君伯兰，抑另委任他人?"

王振垚君云："为孙君计，不如多加一个人。"

孙洪伊君云："此事近于冒险若，须多人会议，恐阻滞，碍进行。”

王振垚君云：“终是委任国民公会报馆好。因报馆是我们言论机关，孙君又是该报创始人，无甚妨碍也。”

主席云：“此恐无十分讨论。”

公决：“委托孙君在京，对通信主任谘议局通信。”

主席云：“是否明日闭会？”

袁金铠君云：“可以不闭。”

孙洪伊君云：“虽不闭会，然行动可以截(正)【止】。”

王振垚君云：“仍是闭会好。”

公决：“二十九日闭会。”

五时散会。

《直省谘议局议员联合会第二届报告书》，京师北洋印刷局 1911 年刷印，第 62～64 页

联合会第二届第二十三次会员记事录①

五月二十九日，闭会第二十号。

下午一时开会，到会会员二十七人。

主席报告：“此次，本会共议决案十二件，计上奏者五件，陈请资政院三件，上外务部呈一件，通告各省三件，并报告办事处开支款项。”

又云：“此次大家抱绝大目的而来，上奏以后，毫无实效，殊负故乡父老之嘱托。然事体既大，以寥寥数十人相聚数十

---

① 标题为重拟。

日，即谓能达到目的，恐天下亦无此易为之事。今日虽形式上为闭会，然我们精神上之团结，尚不可一日或懈。诸君如有意见，可陈述陈述。”

杨寿籛君云：“本会开会已五十日，所上之案，留中不发。本会员对于今日之闭会，真有无限凄凉之意。以后，我辈当归告父老，无论如何，总以想法达到目的方是，望大家抱定宗旨，到底不懈。”

张国溶君云：“我们日处于悲凉之中，岂只一联合会有此现象？目下问题，如此其大，即使合全国千数百人与政府始终抗拒，亦恐无效。现在所应为者，不过唤起全国舆论，以望事机之成熟而已。大家回去之后，一方面对于国民陈述皇族不可充当内阁之理由，一方面就目前种种不良政治，推原于现在内阁之不适，绝对不承认他，一俟此种舆论成熟，自然有好结果。”

孙洪伊君云：“我们空说进行，无一定办法，恐怕将来只落得今日几段演说而已。本会将来进行，一方面须唤起舆论，一方面更须以实力为舆论之后盾，可请汉口及上海各商团同时为资政院来电，要求提议，想湖北代表定能担认此事。”

汤化龙君云：“内阁问题未经提出之先，逆料必无结果。因此，全国根本上大问题，必非数十人、数十日所能解决也。是以本会员等未来京之先，即与汉口各商团联合会斟酌，拟先由联络内地各商会做起，以为唤醒舆论之起手。现在该会已遣干事到各省去，孙君所云，必办(的)【得】到。大家要知，我们提倡此种舆论，是极健全而不可抗之舆论，果能布告国民，使国民确知现政府之不可恃，生出种种恶感，将来政府一定能推倒，此是确有把握的。况本会一方面已上资政院，一方面又由各省谘议局提议通力合作，尤为著著进步，大家对此颇可自信、自慰。

李良材君云："杨君顷言有无限悲凉者，是专在事实上看，其实有舆论方能有事实，我们造成舆论，即是效果，不能徒(坐)【坐】悲观也。"

孙洪伊君云："汤君说，内阁问题，我们只要有健全舆论，必能办到，是诚然的。然本会员以为，资政院开会之前，令汉口各商团联合会来京上建议书方好。"

汤化龙君云："必能做到，请由本会通知湖北谘议局。"

主席云："上外部呈文已缮讫，可否明日即递？"

公决："明日赴外部递呈。"

汤化龙君云："今日虽是闭会，仍是请大家少留几日。"

主席云："昨日，本(主)【会】有主张不闭会者，后因此不过形式上的事，无妨先举行，仍请大家稍留数日。"

王振垚君云："本会定章，六月开会，其实断难如期招集，大约俟闭会后，去常年会已不远。回去豫备本局一切，颇有困难，可否改为五月初一日开会？如有特别事件，再行提前。"

主席云："王君说甚是，请赞成此说者起立。"

全体起立。

袁金铠君云："本会所有议决之事，须归去办者甚多。同人归后，万不能以一报告了之，应将所有各事，均引为(已)【己】任，方可望稍有效果。本会员虽不敢云做到，颇拟以此自勉，仍望诸君之共勉也。”

众拍手赞成。

四时闭会。

《直省谘议局议员联合会第二届报告书》，京师北洋印刷局 1911 年刷印，第 65～67 页

附录一　直省谘议局议员联合会议决案汇录

直省谘议局议员联合会呈都察院代奏皇族不宜充内阁总理请另简大员组织内阁文

呈为内阁宜实负责任，总理宜不任懿亲，请实行内阁官制章程，另简大员组织，以固国本而奠皇基，恭请代奏事。

窃本年四月初十日颁布内阁官制，同日奉硃谕：庆亲王奕劻着授为内阁总理大臣等因，钦此。(抑)【仰】见我皇上统一政权、实行宪政之至意，钦佩莫名。查，内阁为代君主负责任之机关，总理大臣为内阁全体责任之总汇，故君主立宪国内阁大臣任命于君主，实体之组织纯系于总理大臣，总理大臣有组织内阁之权能，负完全无缺之责任，责任之所集，功罪之所归，即国家安危之所系。立宪国家重内阁之组织，尤重总理大臣之任命，其最要之公例，在不令组织内阁之总理归于亲贵尊严之皇族，此非薄待皇族，谓其无组织内阁之能力，实皇族内阁与君主立宪政体有不能相容之性质，势不得不然也。谈君主立宪政体者，类无不知君主神圣不可侵犯之语，君主立于神圣不可

侵犯之地位，密隶君主之皇族，亦即立于特别不可动摇之地位。内阁之地位，则可动摇而更新者也，立于君主之下，以受议会之监督，有政策之冲突，即发生推倒之事实。组织内阁之总理大臣，于君主无亲族之关系，倒一内阁，不过倒一某总理内阁，君主毫不受其影响。组织内阁之总理大臣，为密隶于君主之皇族，倒一内阁，即为倒一皇族内阁，皇族缘内阁而推倒，使臣民之心理，忘皇族之尊严，君主之神圣，必有不能永保之虑。恭读《钦定宪法大纲》，君主神圣不可侵犯列为专条，新《内阁官制》十九条，绝无组织内阁必以皇族总理之规定，盖亦守君主立宪国之公例。而第一次内阁总理适为亲贵之庆亲王，庆亲王内阁既成，对于皇上担负责任，使不可以推例于设立阁制之真意何？使其可以推倒于我皇上神圣之体统何？此议员等所以熟思深虑，不能不披沥呼吁者也。或谓庆亲王内阁不过暂行试办，原非以此开皇族内阁之例，议员等亦知暂行内阁不至成为经制，然朝廷不组织内阁则已，既已组织内阁，须具内阁之真相，似不可有暂行试办之制度。盖试办者，必成绩之良否不可知，姑为筹(画)【划】试行，以定进止。设内阁以定政治之方针，保行政之统一，但当期成绩之优良，决无可暂行尝试之理。以皇族内阁先为尝试，在皇族既为亵尊，政治之前途，尤有举棋不定之隐虑。庆亲王受命之始，两次恳辞，请收回成命，另简贤能，一则曰速谤疾颠惧负非常任寄，再则曰唯至圣能无我。咸知朝廷用舍之公，诚不欲开皇族内阁之端，以负皇帝者，负天下臣民之望，所以为皇上计、为皇族计者至深远，非仅自为退让计也。且皇族不为组织内阁之总理，此外并非无自展所长之地，皇室经费，亲贵又各有定，给法律上政治上之特例，复不同于一班之臣民，安富尊荣，当然受中外之尊敬，原无取乎当政争之枢纽，以自陷于危途。况以皇族总理，开希冀之门，万一内部生争竞之萌，尤非国家前途之福。议员等若非爱戴皇上，尊敬皇族，则但求得良内阁以得良政治，其或不良，任议会内阁之冲突，组织内阁之总理为皇族与否，皆可不问，惟以吾君主之国体，皇族密系于君主，君主密系于国家，若冲突之发生属于皇族，国家之根本不固，亦无善良政治之可言。具忠爱之天良，不能望我皇上之预杜其渐也。

伏读仁宗睿皇帝圣训有曰：本朝设立军机处以来，向无诸王在军机行走。正月初间，因军机处事务较繁，是以暂令成亲王永瑆入直办事，但究与国家定制未符。成亲王永瑆着毋庸在军机处行走等因，钦此。当时之军机，原无负一切政治责任之明规，尚严亲王之限制，今日之内阁，责任重于军机，组织内阁之总理大臣，更不可不循限制之旧矩。伏愿皇上为国家计久远，鉴立宪之通例，守祖宗之经制，俯念阁制为国本所系，取消暂行章程，于皇族外另简大臣充当组织内阁之总理，责任明而政本以立，皇室固而国祚益昌，天下幸甚！议员等愚忠所发，不敢不言，用敢合词具呈，伏乞代奏。谨呈。

《直省谘议局议员联合会第二届报告书》，京师北洋印刷局 1911 年刷印，第 67～69 页

直省谘议局联合会呈都察[院]代奏增练[备]补兵为征兵豫备文

呈为时局阽危，拟请直省各厅州县一律增练备补兵，以为

征兵之豫备，据请代奏事。窃维今日世界大势，非武装不足底和平，故各国军制，多采国民皆兵主义。我国旧习尚文，有事则仓卒募军，事后则设团防卫。承平日久，军备又弛，办团之弊，防营之窳，为一般所通诟。发逆底平，迭遭大故，乃议裁防营，练陆军，定额三十六镇，竭全国之财，数年之力，止成二十一镇，而征兵之制，且有所惩而不敢实行。比年以来，风云日亟，内讧外患，沓至纷来，团防既废，乡巡未兴，续备无军，而防营又未可遽撤，日日在恐慌时代之中，人人有覆巢危卵之惧，即使三十六镇同时成立，而以中国幅员广袤，一旦有警，征调甲地，则乙地空虚，幸或无事，而以招募来者，势不能为退伍计，縻无穷之脂膏，养此有限之兵卒，而又不足以强国，况各镇尚难完成，其危险更何堪设想？故为根本计，非实行征兵不可，然实行征兵，必先确查户口。近年调查一端，风潮迭起，疆吏(纷)【粉】饰册报，可以为考查之成绩，实不足为征兵之根据，再事确查，尤需时日，此一难也。定制，常备兵三年退为续备，又三年退为后备，四年退为平民，经营一军，历十年之久，就一镇论之，循环递练，必历九年始成，三镇实得弁目兵丁三万余人，苟值承平无事之时，尚可从容(徧)【遍】置，今则列强思逞，人心动摇，蹉跎，蹉跎，恐不及征兵而国已不救，此二难也。每镇经费约需百二十万，益以战事豫备金为百七十万，现有陆军经费，较他项为最多，今欲赶练各镇，期如原额，所需经费，至为浩繁，将取之于民间，而连年灾歉，已不能支；将取之于外债，而借款练兵，殊非长策，况如所云，三十六镇幸即成立，犹不免兵单势薄之虞，而即此定额，尚难办到，设再迁延，何以为国？此三难也。征兵既难遽实行，国防果安所可恃？为今计，宜有一急则治标之法，使国家增饷不多，增兵无限，器械充足，练一兵即收一兵之用，则惟有直省各厅州县一律增练备补兵，以为征兵之豫备，而后可以救国家之危亡，敢披沥肝胆，为我皇上陈之。

夫所谓急则治标为征兵之豫备者：第一，须有多额之兵。欲练多额之兵，莫如取民兵之意，而变通(谏)【练】军之法。定制，常备训练期限三年，为时甚久，而常备军设有备补兵胥，有名无实。今拟裁撤备补兵，改练豫备兵，仍用备补之名，以为常备之补充，并作为留守兵。第二，须为土著有业之兵。今拟练备补兵，就直省各厅州县繁盛城镇编列，则应由各厅州县会同自治团体选择，故必其确系土著，确有职业者可知。第三，须有统一之教练及编制。定制，常备兵期满回籍，列为续备，听其自谋生业，每州县有续备兵百人，即派驻弁管辖，每年调操，如有缉捕弹压要事，准各地方官会同该驻弁酌量调用，今拟参用此法，每厅州县派遣驻弁前往镇、管、标、区，会同各地方官编练，小县先练一队，中县、大县酌加，即以该驻弁担任管教，依队分排，轮班教练，暇日仍听自营执业。练成之后，择尤提充常备现役，其余发给凭照回籍，列为续备及后备。第四，须缩短训练时间。今拟练备补兵，期以六个月练成，其列为续备及后备者，期亦如之，练成之后，续编续练。第五，须明定饷数。备补兵既轮班教练，则每名给饷可仿续备军例，月给银一两，若有缉捕弹压或征调各事，始给全饷，事平，仍复其旧。第六，须备多数之军械。续备军制，各府州应按各属兵数，预先请领枪械及号衣等件，今拟略仿其制，先尽各省存储旧枪，拨给厅州县练用，一面暂向外国多购新机关枪、新式枪、新式山野(砲)【炮】及造子弹机器，自行赶造子弹；一面扩充兵工厂，添购新机，改造最新式之枪，以为取不穷、用不竭之计。如此，则常备不足而有以应征，续备无兵而可资留守，所谓增饷不多，增兵无限，器械充足，练一兵即收一兵之用者也。准此筹练，则三难可免，而四利兴焉。夫征兵之所以难遽实行者，一由于征兵之不确实，二由于人民不知当兵之义务，今直省各厅州县增练备补兵，由各牧令会同自治团体选送，则无土著、职业不确实之虞，循环编练，逐次选送，调查户口之事实，已因之而厘然。一旦实行征兵，则不待另行调查而已有着手之方，且人人必知有自卫而后可以防国家。今就地练兵，而晓之以国家大义，则爱国之思想可生，而人民对于当兵，乃视为应行之义务，而非为月饷权利而来，则兵乃始尽可用，而何有于逃匿？而何有于滋扰？其利一也。军制以国民皆兵为最优，则实行征兵又安可缓？今不为实行征兵之议者，则尤以国势濒危、迫不及待为一大原因，诚增练备补兵以六个月为期，而可补充常备，而可列为续备及后备，以三年训练原期计之，所练兵数可增六倍，以直省各厅州县统计之，所增兵数，殆相千万，以最短之时期，得最多之兵额，无招募之烦，而收民兵之用，其利二也。练军必筹费，故各镇难遽成立。今练备补兵而用续备饷制，则但提常备军裁旷银两及议裁备补兵饷银外，稍有添筹，即敷挹注。以一镇练兵之费，可练无数倍之兵，其利三也。迩者腹内边徼，时虞不靖，外人藉词恫(喝)【吓】，调兵调舰，辄不崇朝而集，我国兵备既单，各省大吏明知防营之不足恃，不得不留此形式之兵勇，以为镇摄守卫之资，而为地方筹(画)【划】者，又主复团练乡勇之旧。夫团练乡勇，昔日本以之中兴，而或虑其滋弊者，则以无军事上之纪律，而少实力之教练，防营无用而不可裁，又虚糜此浩大之款，今练备补兵，一方面为国防，一方面为留守，取乡团之义，而得多数豫备之兵，将来兵实渐充，防营可以次裁撤，移兹巨款，扩充军备，计无有善于此者，其利四也。议员等熟察各省之情形，深维国家之大局，以为今日国家，不敢讳言覆亡，而救亡之政策，舍增练备补兵外，均有缓不济急之忧。用敢合词吁请饬下军咨府、陆军部，电商各省督抚、各镇统制，详定直省各厅州县增练备补兵办法，尅日实行，以救危局。无任战栗屏营之至，伏乞代奏。谨呈。

《直省谘议局议员联合会第二届报告书》，京师北洋印刷局1911年刷印，第70～73页

直省谘议局议员联合会呈都察院代奏请饬阁臣宣布政策文

呈为新借钜债关系国家存亡大计，请饬阁臣宣布政策，以释群疑而定责任，恭请据情代奏事。

窃本年四月初六日奉上谕：近来国家财政竭蹶，由于币制不一；民生困苦，由于实业不兴。朝廷洞鉴于此，不得已饬部特借英、美、德、法四国银行一千万镑、日本横滨银行一千万元，专备改定币制，振兴实业，以及推广铁路之用。该管衙门自应竭力慎节，不得移作别用，并著随时造具表册呈览，以副

朝廷实事求是之意。钦此。

四月二十二日，钦奉谕旨：邮传部会奏粤汉、川汉铁路，接议英、德、美、法各银行借款合同，磋商定议，缮单呈览，并请旨签字、盖印一折，著邮传大臣签字，余依议。钦此。

恭读两次上谕，一发于内阁官制未颁以前，一发于内阁官制既颁之后。然第一次上谕署名者为军机大臣奕劻、毓朗、那桐、徐世昌，第二次上谕署名者为奕劻、那桐、徐世昌、载泽，假盛宣怀。除毓朗、盛宣怀外，后之内阁总协理大臣，即前之军机大臣，事本相承，诸臣既始终主持，即当始终担负责任，断无因军机变为内阁，责任即行中断之理。议员等对于暂行试办之内阁，曾呈请代奏另派大臣组织，原期实臻政治之统一，责任之确定，惟暂行阁制未取(销)【消】以前，国家政治上之责任，不可一日无所寄，而借债政策关系国家存亡大计，一日无确当之解决，即国家大计日陷于虢卼之危境，此议员等所以仓皇呼吁，不能遽息者也。近日，中国之贫窘达于极点，借债以谋救济，诚属万不得已之举，然借债之公例，必政府与国民均有用债之能力，而后可利用之，以为救时之药，否则饮鸩自毙，势必不救。埃及、波斯之覆辙，稍治历史者皆能言之。故立宪各国慎举国债，必经国会之议决。

先朝《钦定资政院章程》，亦以议决公债之职权畀诸资政院，不经资政院议决而起之国债，遵先朝之法律，原应归于无效。惟合同既已签押，事实再难更变，大臣违法，属资政院弹劾之范围，议员等请姑舍法律之论争，所急求明白宣示者，为关系存亡之借债政策。此次借债政策，恭绎谕旨，明定为改定币制、振兴实业以及推广铁路之用。改定币制、振兴实业、推广铁路为政策之标题，决不可即认为政策之条件。在诸臣，本此政策而借钜债，必先有精密之计(画)【划】，断无漫无成竹、冒然一试之理。就改定币制言，此项借款将为购置币材之用耶，按国中人口之比例，需铸实币若干，需用币材若干，流通于国中之生银若干、银圆若干，阁臣曾有详悉之调查比较乎？有详悉之调查比较，当采自由铸造之法，以实值换实值，吸收国中之银货，而以外债济其不足。今于法制，则不采自由铸造，而以外债为基本，此何说也？将为大清银行准备金之用耶？大清银行之组织，纯戾于银行之原则，迩年以来，败相毕露，救正改革，实为先决之问题。而所谓准备金者，亦必有一定之成数，阁臣曾于银行改良之法与准备金之确数，有精详之计虑乎？将为收回旧币之用耶？国中旧币之恶孽，无逾铜元之充斥，非用不加贴补、尽数收回之法，必终乱币制之统系，而蹙国民之生计。阁臣于筹拟旧币办法，亦尝略陈梗概，大旨所在，不外暂准照市价行用，按年限制，随时设法收回。最后之解决，归于体察事情，斟酌办理，以何方法能使并行，不害于主币收回，不累及国民，阁臣曾有确实之把握乎？则例颁布一载，施行瞬将届期，币制根本问题之待决者，不知凡几，必计之已熟，而后敢树借债改定之政策，此不能不要求宣示者一也。振兴实业，尽人皆知为要政，此项借款条款，指定东三省工业。东三省之工业，以何者为重要？东三省重要之工业，须若干之资本而后能举办，而后能推广，必有以总计而区划之。振兴实业之要件，必有种种辅助之机关，中央银行之外，必有赖于国民银行，银行之外，必有赖于股(分)【份】懋迁公司，阁臣能为有条理之布置否？实业之发达，必恃有完备之法律，以为监督、保障内地各种已举之实业。旋起旋灭，非法律不备，即用法不善，有以蹙其性命。今欲移植发荣于边省，阁臣能为保障监督之实计否？此不能不要求宣示者又一也。借债修路，阁臣既借上谕以定为一种政策，然政策云者，非仅以铁路国有一语，遂足以了之也。中国幅员之广，铁路何以必须国有？国有铁路何以摈斥民款而纯借外债以收回之？外债之数，能否尽举国中之干路？修筑国中之干路，应以何路为先着？路款之豫算，路材之取给，路师之分配，非有成算在胸，安敢毅然取(销)【消】累年之成案，夺商民已得之权利？且救中国之贫困，借债造路，自以生计之铁路为先，尤必经营铁路以外之事业，以求本息之有着。四国六百万磅之借款，指定之粤汉铁路，固可列于生计铁路之数，川汉铁路，已不能纯谓之生计铁路。此外，干路属于政治者较多。借日本之一千万元，未指定为何路之用，逆计大势，生产与不生产之比较，必不足以相抵，而铁路以外之实业，凋敝已极，无余沥为之分润，以外债造铁路，终必以铁路受外债之害，路未成而本息已无所出，将何法以治之？官办铁路，夙称弊薮，京奉铁路每里三万余两，沪宁铁路每里五万余两，津浦铁路尚不止此。以有穷之借款，供无穷之挥霍，将何术以弭之？此不能不要求宣示者又一也。现时中国外债已达十万万两以上，罄全国十年之岁入毫不用于他途，犹不足为偿还夙逋之用，况本年豫算政费之不足超七千万计，臣已穷于罗掘，人民已穷于负担，重以新债骤增，诚不知所以偿还之计。不问所以偿还，而姑救目前之急偿还期，至保不借债还债，出于附水附塗之下策乎？涂附既穷，保不乱增恶税以自绝税源，终至债权国攫抵押物之主权乎？

恭读四月初六日上谕：该管衙门自应极力撙节，不得移作别用，并着随时送具表册呈览。

四月十九日上谕有：着度支部将内外各衙门应造全国豫算及借款用法各项表册，分别严催，尅期办妥，一俟九月开常年会，即交该院议决，毋稍延误等因。钦此。

仰见皇上慎重借债、兢兢业业之意，朝野内外，感激莫名。然以皇上圣明，日理万机，表册繁多，断难一一稽核其真伪。审计院之设置，尚须俟诸明年，资政院之决算，亦必穷于钩考，非更筹严密监督之法，必无以副皇上实事求是之盛心。而财政顾问、币制顾问之电传，方宣播于东西之报纸，设其不谬，则内国之监督且均无所用，驯至于受外人监督？况大宗外债骤输入于内地，银价之涨落，物值之低昂，贸易出入正负之差异，皆将缘而生绝大之变动。久困涸辙之社会，亦或以骤增消费，生蒸蒸蕃富之幻象，外债竭则幻象灭，反动力之发现，其困苦且百倍于旧时，前途种种之危险，消弭于未然之策，又均不能不要求其宣示者也。阁臣同负责任，为圣训之所明示，无政策而借债，是以负皇上者负国家，非阁臣之所可言；有政策，即当宣布其政策之所在，以定责任之所归，大计攸关，存亡一发，簿海士庶，危疑交并，拟请皇上饬下内阁，将关于此项政策施行之法，及与此项政策相辅而行之计(画)【划】，明白宣布，以释疑虑而利推行，伏乞据情代奏。谨呈。

《直省谘议局议员联合会第二届报告书》，京师北洋印刷局1911年刷印，第73～76页

直省谘议局议员联合会呈都察院代奏请废禁烟条件稿

呈为禁烟条件(防)【妨】碍甚多，拟请旨饬下阁臣，力主人道主义，协商英使，永废此项条件，俾我国得自由禁烟，以迅去民毒而符公理，呈请代奏事。

窃维禁烟，内政也，他国无可干涉之理。去毒，人道也，全球无可违反之理。我国内政不明，始以烧烟之举，酿成外交问题，弱我人种，荼我生灵，虽我国人民自甘鸩毒，实亦英国不以人道主义待我中国之所致也。文明进化公理日彰，朝廷悬禁于上，小民相约于下，数年以来，国民咸争自洗涤。去年资政院议决案，以本年十二月为一律禁净之期，《新刑律》第二十一章，列载吸烟、运烟、种烟各犯罪。查《修正筹备清单》内载宣统四年实行新刑律，是朝廷立法行政，早决定为今年禁烟净尽，海内外人士咸举手加额，以为中国五十年来烟毒从此可以扫除。乃本年四月初十日，外务部与英国公使续订禁约条件，使我国议决之政策、新颁之刑律，将同归于无效。在外务部，再四磋商，其中必有为难情形，为国民所共谅，然议员等求之全国舆论，禁烟前途实有莫大之(防)【妨】碍，按之人道主义，则英使所订此项条件，尤不应有存立之理。用敢不避忌讳，披沥肝胆，为我皇上陈之。

夫贸易自由，万国之公例，亦通商之原则，无论何种货

物，断无限年必定额输入之理。况鸦片为各文明国所通恶，我国未禁以前，每年入口尚有盈绌之不同，乃内地则禁烟期限实行缩短，而印药则准其定额递减。夫递减为美名，而定额则已确数，始谋之不臧，已为一般所引恨。乃屈指年内禁绝之期，而续订条件，仍以七年递减为原则，仍以每年递减五千一百箱为原则，且明订中国每年减种，当以英国每年减运之数为比例，是英国政府本旨为赞成中国禁烟者，而其结果反因定额之输入，开吸烟之源泉，甚且以洋药之居奇，难保无土药之私种，此其(防)【妨】碍于禁烟前途者为何如也。禁烟功令，分种、运、吸三项，近年厉行禁令，首在吸，而种次之，然舆论所趋，则咸以为首宜禁运，次宜禁种。譬之荒年积谷无多，倘无来源，必将饿毙，故一律禁运，则向不种烟地方，将无烟可食，种烟地方，禁运出口，则(消)【销】路顿塞，不待禁种而已相率改植，此理势之固然者也。《续订条件》第二条，印药禁运，以中国绝种为断；第三条，则又以土药禁运为准，虽有分省办理之名，而一则曰显有确据，再则曰就地考查，两面认可，若故留此犹豫期间，伺土药之缺乏，以为洋药畅(消)【销】之地者，且言明广州、上海为最后结束，若故留此两大口岸以为畅输之地者。查英国联合基督教禁烟大会所刊中国实行禁烟之铁证，中国禁种，已十去八九。此(实次)【次实】情，得之中国各省旅居西人之报告，计三百余函，中国禁烟之真相，成效昭然，正宜及时弃止前约，听我国自由禁烟。而此次条件之结果，既不能同时并禁，且于禁绝之后，犹留此犹豫期间，以为洋药片面之销场。土药可以禁绝，而洋药尚未禁运，供给不绝，则禁吸徒劳，是其结果，与赞助中国禁烟之本旨，适得其反。循此而行，则我国禁烟内政将以之动摇，且英国派员来华，应与以一切便宜，而我国派员往印，则仍不得干预，此其(防)【妨】碍于禁烟主权者又何如也。各国税率，以重征入口为通例，以发达国货为原则。鸦片系属毒物，不能与百货同观，据公理言之，英政府宜早严禁印药运往我国，方合人道主义，今纵不肯自禁，则我国任用如何方法，禁止印药入口，英政府亦即不能过问，此人道主义之原则应尔也。乃英政府直订一每年输入之定数，其于税捐也，始则曰加征厘税，稍缓续商，今则以每百斤箱加至三百五十两税，为赞助中国之名，而以消除印药大宗贸易之各项限制，及征收各项税捐为自由贸易之实，从此一税之后，任往中国各口，毫无留难，则所谓赞助禁烟者安在？况考查认可之犹豫期内，仍得握一自由贸易之全权，以为任便运输之余地。此项条件，将毋取我国历年寓禁于征之根本而取消之，英政府而果专为贸易经济起见也，则即此三年之中，烟价陡涨，所得已十二兆磅，按之十年递减，其总入款约十七兆磅者，亏短(巳)【已】属无几，而此次所订条件，反较前约之禁运尤宽，谓为讲人道、据公理，其谁信之？则按之人道主义，此项《续订条件》为属当然取消者也。近年以来，我国人民咸知鸦片流毒，奔走呼救，所在实多，美之人士尤具爱我热诚，实力赞助，上书英政府，请其永废烟约。即英之国民，亦知此事不合人道，组织国耻会，赞助中国禁烟，英议院赞成者至四百余人，前届试办期满，英国民亦屡次上书政府，要求废约，甚且为反对之言，且屡致函我国民允许极力赞助，是英国民尚知以人道主义匡救政府，而英政府不惜竞争得此条件，我外部知之，而绌于国势，争之不能得。我国民知之，纷纷电部求之而不应，按之前途，若有烟禁废弛之虞，准此公理，犹有人道灭绝之憾，议员等知而不言，是不以人道自处以处我国人民也，是始终承认英国不以人道主义待我中国也，未来之患，尤不忍言。公理自在，人道未亡，烟毒为世界所不容，禁烟为中国之内政，自由禁止，本系我国主权，印药、土药，同属禁物，只有要求英国协力禁运之必要，断无限年定额输入之办法，则此项条件，尤应当永远废止者也。议员等自各省来，熟知民隐，人民程度虽远不及英美，而人道尚未澌灭，厉行禁烟之热忱，尤为一般之特色，咸不承认此次续订之条件，且谓此项条件适成立于新内阁设立之时，内阁大臣署名，为负政治上之责任，今第一政策即为妨碍禁烟之条件，将来政治，殆不可知，而人民希望良美政治之思，胥因之而沮丧，烟禁不行，民毒无已，议员等为各省代表，不能不代达舆论。为此合词呼吁，请旨饬下阁臣，据情由外务部与英使协商永废烟约，嗣后印药土药一体按期禁运，不使资政院之议决成为具文，不使新刑律之实行失其效力，俾我国自由禁烟，以符英国政府赞助中国禁烟之本旨，庶民毒净去，而国基植立，无任战慄屏营之至。伏乞代奏。谨呈。

《直省谘议局议员联合会第二届报告书》，京师北洋印刷局 1911 年刷印，第 77～80 页

直省谘议局议员联合会再呈都察院代奏请明降谕旨另简大臣组织内阁文

呈为皇族组织内阁不合君主立宪公例，失臣民立宪之希望，仍请明降谕旨，另行组织，以重宪政而固国本，恭请据情代奏事。

窃议员等前以总理大臣为组织内阁之主体，不宜以皇族充任，呈请代奏，请取消内阁暂行章程，另简大臣组织。未奉明旨，刍荛之言，不足以动天听，惴惴待罪，罔知所措。伏念议员等伏阙请愿，以达国民之公意，既不得邀俯察，何敢再行渎请？惟议员等爱我国家，爱我皇上，惧愚诚之未至，使人民对于政府生希望断绝之感，实非国家前途之福，不避斧锧，谨再为我皇上缕陈之。

君王不担负责任，皇族不组织内阁，为君主立宪国唯一之原则。世界各国苟号称立宪，即无一不求与此原则相吻合。今中国之改设内阁，变旧内阁之官制，而另定官制，改军机处之旧名，而更定新名，其为实行宪政特设之机关，固天下臣民所共见。而第一次组织内阁之总理，适与立宪国之原则相讳反，外国报纸屡肆讥评，以全国政治之中(抠)【枢】而受外论之抨击，已有妨于国体，犹曰外人之知内情，可以置之不论也。自先朝颁布立宪之诏，天下喁喁望宪政久矣，请国会之早开，以求实行宪政也。责军机之不负责任，亦以求实行宪政也。天下臣民求实行宪政之心，日积日高，希望政府之心，即日益日炽，挟最高最炽之希望，一睹新发布之内阁组织之总理，乃于东西各立宪国外，开一未有之创例，方疑朝廷于立宪之旨，有根本取消之意，希望之隐变为疑阻，政府之信用一失，宪政之进行益难。未识朝廷何以处之？内阁之责任，显于弹劾，终于惩戒。各国内阁大臣惩戒之例，若英内阁之曾受弹劾而宣死刑，意内阁之曾受弹劾而致流放，唯其绝非皇族，故于国家大本无所动也。今以皇族当其冲，惩之，则于亲亲之仁不能无所顾惜；不惩，则全国民之攻点交集于君主之身，国本动摇，实大变之所伏，此虽杞人之过虑，然既为历史之所有，不能保事实之必无万一。此种事实发生，未识朝廷何以处之？

内阁总理大臣任命于君主，以组织内阁，故责任联带，实以总理为中心，其能联带负责之原因，必在总理大臣与组织之国务大臣，为同一政治方针之党派，君主无偏无党，操黜陟之权以临之，故元首超然而大权益固。若以皇族总理内阁，大权之行使，欲为懿亲留余地，必生进退为难之现象，即乾纲长振，不至生此现象，而皇族悬内阁之希冀，国中党派将有附和皇族，以为政党之中权者。皇族既涉政治，不能禁政党之附和，政党各为附和，不能不生党派之竞争，及至酿成竞争，为患何堪设想？儿虽不必骤动，弊实中于隐微，万一此种事实发生，未识朝廷何以处之？

四月十二日，庆亲王奕劻奏内阁总理大臣断难胜任，仍恳收回成命一折，奉上谕：倘至数月以后，精力实有难胜，彼时再候谕旨等因。钦此。

恭绎圣训，亦知庆亲王内阁原出于暂时之权宜，然既开皇族内阁之端，即易启臣民之误会。第二次总理仍将为皇族之风说，渐传播于人口，虽属盲瞽之拟议，决非朝廷之意，而以前次议员等呈请代奏，(末)【未】奉明谕，实为误会之大因，且既设内阁而奏尚留中，即为内阁辅弼之无状。盖内阁责任缘署名而生，署名，则责在大臣，留中，则内阁大臣均处于消极之地位，而以责任纯归于皇上。既设内阁，重之以同负责任之明旨，署名与留中，断无并存之理。内阁成立之后，奏折留中者凡数见，此天下臣民所以益不信内阁，而妄测朝廷之意旨也。议员等入都以来，闻诸中朝士大夫多谓皇族组织之内阁，原非朝廷本意，实有万不得已之苦衷。果如所言，朝廷真有不得已之苦衷，正当明布丝纶，期与臣民共见，不宜以焦劳独贻君父。议员等抱忠君爱国之隐，为披肝沥胆之词，仍请皇上明发上谕，于皇族外另简大臣组织责任内阁，以符君主立宪之公例，以餍臣民立宪之希望，不胜悚惶待命之至，伏乞代奏。谨呈。

《直省谘议局议员联合会第二届报告书》，京师北洋印刷局1911年刷印，第80～82页

请重勘片马界务呈

呈为滇缅界务关系大局安危，恳请主持重勘，以固国防而安人心事。

窃滇缅北段界务，自去冬英人以重兵据我片马，旋移住小江，节节经营，著著进步。滇督迭奏力争于外，滇省绅民痛切陈请于内，迄今六七月矣，案犹虚悬，民情愤恨，举国危疑。钧部慎重交涉，所以迟迟无严重之抗议者，岂非以国力强弱悬

殊之故？然中英邦交向称辑睦，持公理、执证据以力争重勘，未必遽生他变，谨将片马界务应主重勘之理由，为钧部一一陈之。

片马为保山登埂土弁辖地，赋税租役，民之供于我者非一日，狼狳羊窝，尚有道光年间段土弁其光所立石栋，是片马狼狳诸地确为我完全领土，宜争重勘者一。甘稗茨竹派赖各地，世为腾越属明光左刘物三土职分汛，小江十九寨，前为左孝臣管辖，供应夫役，即扒拉大山亦属左氏隶属，有兵部劄复为凭。光绪二十六年，英人烧杀我茨竹派赖之民百三十余人，俱我境内，左孝臣亦同毕命。大吏与英领交涉，认查实赔偿，档册可稽，宜争重勘者二。钧部原案，北段界限自尖高山起，由石我、独木二河之间，西行至恩梅开江，由江北行过之非河，至扒拉大山脉尽处为界。恩梅开江以西，我所有瓯脱地全失，然既有成约，尚可曲(狥)【徇】，宜争重勘者三。石鸿韶所拟界线，自尖高山起至九角湾，由他戛北行折小江，东至板厂山止。烈敦所拟界线，由尖高山起，转麻里壩、茨竹、丫口，由明光河头直主高黎贡山，举大哑口、大何头、片马岗房等地，尽攘为彼有，已割永腾上游边境之半，然当时烈敦照覆石革道，有虽经盖印，不过明此图之真伪，不能为议定之凭。烈敦又知无理，称于大哑口北甘稗等地，援照三角成案，作为永租，议租银一千五百元，又酬我大塘抚夷四千元，是(列)【烈】敦虽狡，亦知主权在我，宜争重勘者四。两国划界既(末)【未】确定，即不能实行占领。乃英人违约越境，毁我学堂，掠我民人，此而不争，复何能国？宜重争勘者五。闻光绪十六年，英外部曾照复薛钦使，有缅甸曾经管江东之地，直至恩梅开江及迈立开两江汇流之处，当时虽无确据，然滇缅界线断自北线二十五度三十五分之尖高山，其纬度适距恩梅开、迈立开两江汇流处不远，即稍为迁就，亦可照钧部原线斟酌而(畫)【划】，宜争重勘者六。钧部严重邦交，其难其慎，谅必早握要领，唯传闻不一，或云退让，或谓永租，众口嚣嚣，成为疑案。闻迩来滇省人民对于此事，异常激愤，保界会(徧)【遍】设三迤，会员之泣血断指、誓以死争者，前后相继，万一退让租借之说竟成事实，其良者激于公义而挺争，其莠者必乘风(廟)【潮】而暴动，内讧外患，相因而至，一发千钧，害及大局矣。议员等犹有请者，我国前日不谙外情，胶州、大连、威海各要港，相继入租借之例，今幸朝廷锐意立宪，薄海臣民喁喁望治，方冀富强有基，渐图收回租借各地，不谓内阁辅告成立，开宗明义，复有退让租借领土之失，以证据确凿、公理可凭之事，惕于兵威，甘蹈覆辙，其因此而前之租借各地不能收回者，患犹小，因此而致后之租无可租、借无可借，使我不能不租、不得不借者，患更大，存亡安危，胥系乎此。据《内阁官制》第十二条，此等重要事件，应经内阁会议，伏乞钧部将片马交涉提出内阁决议主持，请旨特派大臣重行(戡)【勘】界，国权所系，人心所系，一隅之失，动及全域。用敢披沥呼吁，乞赐鉴核施行，须至呈者。

《直省谘议局议员联合会第二届报告书》，京师北洋印刷局1911年刷印，第83～85页

陈请建议速编宪法交院协赞案

为陈请提议速编宪法交院协赞事。

窃维世界国家竞尚法治，凡区划公私之规律，各有其作用，即各有其精神。而关系国家根本组织之法，非是不足以立国者，则为宪法。宪法者，一国法律之源泉，又为一国政治之保障也。

伏(续)【读】宣统二年十月初三日上谕，于宣统五年实行闭设议院。

又读宣统二年十月初四日上谕，钦定宪法为(方)【万】世不易之典，则现在提前筹办宪政，亟应首先纂拟宪法，以备颁布遵行。着派溥伦、载泽充纂拟宪法大臣，悉心讨论，详慎拟议，随时逐条呈候钦定。如应添派协同纂拟之员，并着随时奏闻，俟朕简派，以期迅速办理，尅期告成。钦此。

仰见我皇上期望立宪、实事求是之至意，钦服莫名。惟谘议局等窃有请者，各国宪法之内容，普通原则不外臣民权利义务之规定，与国家机关之组织，其余则内度国情，外察时势，所应纂列成文者，轻重不同，故详略亦异。中国创办宪政，为前此数千年未有之局，而钦定修正逐年筹备清单，宣统四年六月以前，即为颁布宪法时期，其(篹)【纂】拟一事，实非一切法律轻重可与同科，仰体朝廷期许之殷，俯察士夫属望之切，有不可不请交协赞者，谨为钧院一一陈之。

世界各国宪法，其构成之手续不一，而其大(恉)【旨】无不期君民之共守。我国采用君主立宪政体，则钦定宪法自为不易之准绳，但使不交协赞，则臣民未能窥见本原，反恐服从之效力，因之而薄，东西各国君主，立于总揽地位，凡一切法案，原有裁可、不裁可之权，即使付院协赞，而最终决定仍归于干纲独揽。从法理上言，既无碍国家统治之大原；从事实上言，尤足见天地无我之至量。只此一转移，而上与下相见以天，其精神贯彻，必足破邪说而息纷纭，此不可不请交院协赞者其一。宪法者，国家之基本法也，虽各国国体不同，只能挈领提纲，为概括之规定。而世界愈进化，则条理愈繁多不文，宪法随时尚可变易。若采用成文主义，则增删修改，不能不较普通法律为难期。制定之初，似当博采众论，惟善是从，以期垂为不刊之典，诚不敢谓简派纂拟之人，其智诚心胸必出乎众人之下，而以多数人从容讨论，较诸少数人穷日研求，思想之疏密，当必有间。日本为钦定宪法，亦以少集思广益之故，以致脱漏明文，模糊用语，启后人缺略暧昧之疑，影响于国家政务者不小。前车之败，可为明鉴，此不可不请交院协质之理由又其一。要而论之，宪法完全之国，非必即为文明高度之国，然当其初，苟制作完善宪法，则凡所规(画)【划】，皆已纳人民于轨物之中，以后之进步必速，钧院为全国舆论之中枢，即将来议院之基础，振衣必提其纲，谋国必有其本图，对于此事，想必早有研究。谘议局等谨合词以请，伏祈建议施行，不胜迫切感激之至。须至陈请者。

《直省谘议局议员联合会第二届报告书》，京师北洋印刷局 1911 年刷印，第 85～86 页

陈请提议纠正宪政编查馆以解释破坏局章案

为陈请事。窃各省谘议局为采取舆论之地，以指陈通省利病，筹(画)【划】地方治安为宗旨，所有章程既由先朝谕旨厘订颁行，成立两年，恪守局章，日思竭其实能，以为议院立法之先助。然以认为权限内事，而禁令忽来，本为职分所当然，而阻力顿起，遂使我国家采取舆论之地，日率数十百辈，迷惑观望于其中，不惟成效毫无，而且范围愈狭，无一事可议可言，皆由宪政编查馆以解释破坏局章所致也。查宪政编查馆设立原案，本仿各国政府设法制局，立于编纂起草之地位，近年以来，初制尽失，乃一变而握赞定法律之全权。夫国家法律条规，既由该编查馆起草参订，又由该馆解释通行，即根据确当，在今日资政院内阁成立以后，亦无独立存在之余地，矧随事立义，无理解释，专为宪政之阻碍乎？谘议局等所见非一事，即可言者非一端，谨就其破坏局章之关系重巨者，胪陈于钧院，而伏以待命焉。

查宣统二年十月宪政编查馆答覆钧院质问《谘议局章程》是命令、非法律等语，夫立宪国家法律、命令之区别，匪惟(搆)【构】成之形式不同，即根本之性质亦异。立宪精神在以法律规定命令，不得以命令变更法律，此各国之公例。即我《钦定宪法大纲》，亦有(巳)【已】定之法律，非交议院协赞奏请钦定时，不得以命令变更废止之文。谓《谘议局章程》无协赞之形式，应作为命令耶？则应将豫备立宪以来一切之章程规则，奏请交付资政院协赞，不得为此无理之武断。谓国会未开，非完全立宪，凡法规均为命令耶？则立宪国固有严格之法，为百度之准绳；专制国亦有习惯之法，为万事之根据。我朝开国以来，钦定律例，罔不视为成法之当遵，若信如宪政编查馆之言，则是历年所颁之成文法律，皆可一例抹杀，为暗默之取消，上损国家立法之权，下启人民玩法之渐，破坏局章，即破坏宪政，彼沾沾焉欲置谘议局于行政官府之下，为所欲为，犹其小焉者也，此应请钧院提议纠正者其一。

又查宣统二年十一月，宪政编查馆覆闽浙总督冬电，公布法令，向系照例办理，此项成例有无窒碍，非督抚所能变更，即非谘议局所能提议。现正拟订公布法律新章，一律通行，应即饬知，静候办理等语。查昨年谘议局提议公布法令规则一案，不止闽省，此案之用意，以法令有拘束性质，必缘公布而效力始生。此案之提出，实根据局章第二十一条第六项，议决本省单行章程规则而来。查光绪三十四年六月，宪政编查馆会奏各省谘议局章程折内有曰：中国地大民众，分省而治，各省之政主于督抚，与各国地方之直接国都者不同。又议覆于式枚折内有曰：全国通行法律，须钦定颁行宪政大纲，早经揭明此旨。惟各省之风俗习惯不同，不能无特别之单行法。本此旨以编订章程，故参与立法事宜，督抚得提出之议案，即谘议局得草具之议案，各省特别之法规，实由于中央统一之法规委任而成立，然则局章许谘议局议决单行章程规则者，于事实固曲成不遗于法理，尤并行不悖也。乃宪政编查馆忽云公布法令向系照例办理，又云拟订新章一律通行，夫新法律发生，则旧法律消灭，法治国之通例，宪政编查馆岂不知之？使吾国旧例可永远存在，则新法律悉属骈枝，而近年纷纷颁行者为多事。使凡属法令，必由馆拟成，则议决单行章程规则一项，亟应删去，不当为此赘设之词。谘议局等反覆思维，诚不解朝廷大公无我，许谘议局为参与立法机关，彼宪政编查馆若恶此，哓哓必欲(箝)【钳】其口而夺其气也，局章动摇即宪政动摇，此应请钧院提改纠正者其一。

查《谘议局章程》第二十四条，谘议局于督抚交令覆议事件，若仍执前议，督抚得将全案咨送资政院核议。《资政院章程》第二十三条，各省谘议局与督抚异议事件，或此省与彼省之谘议局互相争议事件，均由资政院核议。细绎局院章程，是督抚对于谘议局覆议事件仍执前议之时，有应谘送局、资政院，以待解决之义务。而资政院对于谘议局与督抚争持之事件，亦属法定有必要核议之职权，若督抚不谘送资政院，先谘商部馆者，则为违章夺权，若部馆不待资政院核议，辄擅为决定者，其违章夺权亦与同科，法有明条，非臆说也。乃四川谘议局第二届常年会，提出公布施行事件力求实效案及申明谘议局议决权条款案，经覆议议决仍执前议，由川督照章呈送资(改)【政】院核并分咨宪政编查馆，由馆覆称：《谘议局章程》原由本馆奏明钦定，其历次解释章程办法，均由本馆主持。该省谘议局申明议决权条款案及公布施行力求实效案，事关解释章程，应照由本馆核订原咨，所谓由资政(议)【院】核议之处，未免误会，嗣后该局如于局章有疑义时，仍照历届成案，呈请该省总督咨送解释等语。夫解释章程，资政院未开，事实上无妨假借既有资政院，则国家法制非由资政院赞定，立法何能统一？宪政编查馆对于川局两案，本无核议之权，而必欲攘人所有，为不法之命令指挥，其居心诚不可解。矧仍执前议之案，本为局院章程明定，权责有属者乎？更推类言之，例如谘议局议决税法公债，申明必具若何条款，始能尽利推行，是宪政编查馆亦可援解释章程之范围，而谘议局事事非呈请咨送，不可代表舆论，而禁若寒蝉，恐非先朝设立之初意矣，此应请钧院提议纠正者又其一。

总之，宪政编查馆违章侵权，实不尽此数端，而以此数端为最重。以便宜之命令，蔑弃公布之法律，数十字之馆电一下，即数十百议员之抗议顿消矣。非请钧院提出纠正，无以维法权而裨宪政，为此联合陈请钧院提议，议决施行。须至陈请者。

《直省谘议局议员联合会第二届报告书》，京师北洋印刷局1911年刷印，第87～90页

陈请提议实行内阁官制另简大臣组织责任内阁案

为陈请事。本年四月初十日颁布《内阁官制》，同日奉诛谕：庆亲王奕劻着授为内阁总理大臣。钦此。

窃维内阁总理大臣为组织内阁之主体，东西各君主立宪国总理受命于君主，而辟引各国务大臣以组织联责之内阁。故内阁为某人之总理，即称为某总理之内阁。中国第一次内阁发布，以庆亲王充总理，无论各国务大臣是否为庆亲王所组织，而既以亲王为组织之主体，实以皇族当政治之中枢，与立宪国内阁之形神，两相矛盾。谘议局等曾呈都察院代奏，请取（销）

【消】暂行内阁章程，另简大臣组织。未奉明谕，兹当钧院开会之际，谨再为钧院陈之。

君主立宪国，君主握统治之大权，内阁负政治之责任，皇族立特别之地位，绝不涉于政治之范围。盖政治随时而革新，操政治枢要之机关，即随而生更迭。东西各国之内阁，无数年不易之事实，当新旧交易之际，以政策之冲突，舆论之攻击，议会之弹劾，交集于一的，推倒内阁而促其新运。惟皇族不与于内阁之列，君主听舆论以行其黜陟，退一内阁，更组织一内阁，大权仍操于君主，而不为众怨之所归。否则皇族当内阁之冲，内阁与皇族相(联)【连】，攻击内阁即及于皇族，徇舆论以惩戒之，则有伤笃亲之谊，拂舆论而纵容之，又易启骄盈之渐，群黎百姓对于皇族，生政治之恶感，即对于君主必渐减其爱戴之至诚，因倒内阁而发倒皇族之一萌，国本动摇，君主立宪政体必有岌岌不保之惧。葡萄牙以累世君主国，而一旦变为共和，其前鉴也。

吾国政体定为君主立宪，先朝圣训，薄海周知。新内阁定制之初，即当为君主政体谋巩固之计，恭读《钦定内阁官制》，有内阁对于皇帝担负责任之文，盖与先朝《钦定宪法大纲》所谓君上神圣不可侵犯之义相发明。而暂行组织内阁之大臣，独以皇族充选，谘议局等亦知暂行内阁不至成为经制，而既开皇族内阁之先例，于君主立宪政体即发生破坏之动机。且本朝祖制，亲王不假事权，嘉庆年间，仪亲王曾总理部务，以启事而罢；成亲王曾在军机处行走，以与国家定制未符而罢。文宗显皇帝因定郡王载铨于召对时，与尚书陈孚恩语言(辨)【辩】论，特旨议处。圣祖神宗亲亲之盛德，体国之远谟，与东西各国宪制之精神，实相符合，新内阁之组织，委诸皇族，亦非皇上励行宪政，绍述先德之本意。谘议局等为各省人民之代表，希望完全之宪政，不能不希望完全之内阁，使内阁能举宪政之实，措国家于磐石之安，天下臣民均受其赐。若以皇族内阁之故，或启国体更易之大变，前途所届，思之寒心。谘议局等爱我国家，爱我皇上，爱我皇族，所以一再呼吁而不能已也。钧院为国会之基础，必得有责任之内阁，始得发挥钧院之能力。去年开院之始，曾以责任不明弹劾军机大臣，实为根本上之解决。今新内阁之成立，能负责任与否，即钧院之效力能发生与否之大关键。以立宪之原理论，皇上不可以负责任，皇族内阁即无可负责任之理，内阁不负责任，钧院之效(方)【力】，即无能发生之理，事关国家大计，宪政大本，度亦钧院所必争，用敢恭录原呈，陈请提议实行内阁官制，于皇族外另简大臣组织责任内阁，议决请旨施行．须至陈请者。

《直省谘议局议员联合会第二届报告书》，京师北洋印刷局 1911 年刷印，第 90～92 页

注重界务案通告书

为通告事。本年五月初二日，据山东谘议局提出注重边务界务请议决后呈请代奏一案，当由本会一再讨论，据大多数意见，应以边务一条，意主增兵，已见他案，毋庸再议。其注重界务一条，原案大意谓：界务交涉，首宜广参舆论，我国改行宪法，国会未开，仍为筹备时期，政权操自君上，内而资政

院，外而各省谘议局，遇有国际公法上外交事件，仍无议决之权。维念国家以人民为根本，人民以土地为疆域，尺地寸土，君与民皆当共守，不容有毫末之损失，东西洋各国法律所规定，均以本国土地所有权、他国人民不得占有，环球各邦同出一辙，是国际之界务交涉，无一不属于公法上外交事件，实无一不与土地人民有密切之关系。查《谘议局章程》第六章第十一条第七项，议决本省权利之存废事件，细绎本条所称权利存废意旨，则本省土地权利之存废，亦括举在内。至于界务交涉，纯系土地权利存废事件，局章攸关，不得不加意慎重，以后界务上交涉，应由资政院密劄该省，作为资政院咨询事件，即由该省局采取，无论会议公决，呈由资政院上奏，敬备裁夺，裁夺既定，谕交外务部遵旨交涉，上以明利害与共之意，下以泯人民疑贰之心，思所谓内外一致、共保疆土者，世实在乎？此各等语，经本会全体会员公同讨论，以为土地所有权，在法律上本属国家，则界务之交涉，自系国与国之对待，但局章第二十一条第七项议决本省权利之存废事件，若就广义的解释，则土地之存在与割弃，不能不认为本省权利存废事件之一，此时据章呈奏，请求加入解释，未为不可。惟年来宪政编查馆解释局章，往往极力缩小范围，若就狭小的解释，将谓界务交涉属于国与国之对待，不属国与省之对待，而谘议局转无与议之权，求得反失，未为允协，不如谘议局遇事建议，尚无越权(踰)【逾】范之嫌。以后我各省议局，应共同认土地之存在与割弃，确为本省权利存废所关，遇有界务事件发生，应即一面建议于督抚，请为上奏，一面呈请资政院协力以争，较之原议由院密询省局、由局覆院各节，更为活动直截。至于我国界务交涉种种失败，其原因固甚复杂，然各省绅民各界既无先事之研究，复无临时之主张，而但为事后之诘责，亡羊补牢，何济于事！应由沿边各省局、各团体发起界务协会(或筹边协会)，又地理学研究会，专研究国境界线，为先事之图维，庶几遇事，确有把握，应即由本会通告各省局，为一致之进行等情，当经大众表决，全体赞成。为此通告，即祈公鉴施行。

《直省谘议局议员联合会第二届报告书》，京师北洋印刷局 1911 年刷印，第 93～94 页

直省谘[议局]议员联合会议决各省体育社简章

第一条　各省设立体育社，提倡尚武精神，补助军事教育，为将来征兵之豫备。

第二条　各省应于省会设一总社，名曰某省体育社；其在各厅州县者，名曰某厅州县体育社；在各城镇乡者，名曰某城镇乡体育社，仍冠以某厅州县字样。

第三条　省会体育社，由各省谘议局议员协同各团体发起组织，呈明督抚存案。各属体育社，由各本地方自治会及省会体育社教练卒业之该地学生，商同组织，呈报地方官存案，并报告于省会体育社。

各属体育社有先自聘教员，与省体育社同时设立者，听，但亦须报告省会体育社，以求办法之(畫)【划】一。

第四条　省会体育社，由发起人公推名誉社长一员，任期一年。

第五条　省会体育社分为二部：

一干事部。设书记、会计、庶务各职员，由发起人中推举组织之。

一教练部。设教员若干员，由社长商同干事部，于本省陆军毕业学员中酌聘。

第六条　各属体育社置社长一员，由发起人公推之，任期一年。教员若干员，以省体育社教练卒业生充之，但该社设立在省会，体育社学生未卒业以前者，不在此限。

第七条　省会体育社教练部学生，以年在二十岁以上、三十五岁以下者，由各自治会招选，按名造册送省，考验入社。各属体育社学生，由各自治会招选合前项年龄之居民，册送入社。

第八条　体育社教练科目如左：

(一)学科

甲　步兵操法摘要

乙　射击教范摘要

(二)术科

甲　各个教练正队教练

乙　枪剑术

丙　射击演习

丁　体操、器械体操、柔软体操

右列各项科目外，如认为应行增加之科目，得自行酌定。

第九条　体育社教练班数，以人数之多寡定之。但每班人数，至少须达于一小队(一百二十六人)或一分队之数(四十二人）。

第十条　各体育社因实地练习须置备步枪，省会体育社至少须备一百杆，各属体育社至少须备二十杆。

第十一条　体育社之教练，六个月卒业，由各本社给予证书，每届毕业后即续招新班。

第十二条　省会体育社每届教练卒业，由本社造册，呈报督抚。各属体育社教练卒业，由各本社呈报地方官，并册报省会体育社转呈督抚存案。

第十三条　省会体育社经费，由各本省谘议局协同各团体酌量筹措，每年豫算应酌列补助金。各属体育社经费，由各该自治会秉承地方官，就地筹措。

第十四条　体育社职员之改选，省会由各本省谘议局及各团团体员，各属由各该自治会员，届期举行。

第十五条　体育社详细规则及本简章未尽事宜，由各省斟酌情形，自行订定。

《直省谘议局议员联合会第二届报告书》，京师北洋印刷局1911年刷印，第95～97页

直省谘议局议员联合会报告书

敬启者：议员等学识浅薄，谬以故乡父老选与议席，比年以来，代抒言论，靡补大局，内咎滋深。迩者时局濒亡，国会未开，海内喁喁，望救孔亟，各省议局，远虑深忧。本年四月开议局联合会于京师，冀合全国之人民，议定救亡之大计。佥以为欲救国亡，必定救亡之政策，欲定政策，必有完全之内

阁，欲有完全之内阁，必先破皇族政治之阶级。立宪国之君主，以不可侵犯、不负责任为原则。君主立于神圣不可侵犯之地位，密隶君主之皇族，亦即立于特别不可动摇之地位。君主退处于不负责任治地，而以责任负之内阁，则内阁实处于完全负责之地位，而不可以内阁之动摇侵及于君主之神圣。内阁立于君主之下，以受国会之监督，有政策之冲突，即有推倒之事实。内阁而为皇族，万一皇族将因其地位特别之故，自认为不可动摇，则良美之政治不可期。若任其推倒，则一般人民之怨望，因内阁而及于皇族，因忘皇族之尊严，而于君主之神圣不能保，影响所暨，将与君主立宪政体之原则相背驰，而国家一切良美之政治，几无有完全成立之希望，此固吾父老之所为杞忧，而各议局之所共虑也。议员等重膺各议局之推任，甫入都门，适值内阁官制发表，试办之初，即开皇族内阁先例，诚如诸君子所虑及者，(迺)【乃】新内阁先后发布政策，又不足以定出国是而餍人心，屡开会议，惧负诸君子之期望，思维凡百政治，必有一全完自之地，根本之解决未定，则枝节之补救徒劳，故议以完全内阁为第一议题，以为内阁组织(全完)【完全】，则不患无完全之政策。谨于□月□日呈由(部)【都】察院代奏，皇族不能充当内阁总理，请另简大臣组织内阁，附上请增练备补兵一摺，复于□月□日呈由都察院代奏，请饬阁臣宣布政策，附上请废禁烟条件一折，先后折奏，俱闻留中，报纸交讯，自维无状，谨于□月□日又呈请(部)【都】察院代奏，请明降谕旨另简大臣组织内阁一折，伏阙待罪，迄至今日，仍未明降纶音，议员等自愧诚恳之未至，不能见信于君父，负我父老望治之深心，谨就连月以来京朝之所见闻，报告于诸父老，冀垂察焉。

议员等窃以为，诸父老所希望者，欲得良美政治，以救国家危亡。本此心理，以生希望，新内阁成立，新政策发生，则转危为安，转亡为存，可以翘首俟也。乃观于近日之新政策，则适与所希望者相左，谨举其荦荦大者：

一、借债政策。主张借债政策者，谓不借外债则中国必亡，反对者则曰借债必速亡。夫东西各国，其国富强者，其国债亦必多，借债固非亡国政策也，但以借债救国亡，必先视其国之财政之现状如何，又必视借债之合乎公例与否。今中国财政现状困难之原因，实生于紊乱，税法无统系，机关未完全，则整理紊乱，洵为先决问题，乃不谋清理紊乱之办法，而欲借巨款之输入，以苏困难于目前，输入愈多，紊乱愈甚，兴业无期，偿还失恃，欲不为埃及、波斯之续，殆不可得也。借债公例，本无担保之必要，中国信用久失，借债必有抵押，今不求所以致信用之途，而仍以任便指押为借债之券，不计偿还之力是否足以相应，今日超出之额，一旦骤增，他日罗掘之方，苦无所措，日前之抵押物，欲免成将来之断送品，(蓋)【盖】不可得也。在主张借债政策者，必曰英、美、德、法四国银行一千万(磅)【镑】，将以抵制日俄之攫我远东，然何以自解于日本横滨银行一千万元？且(已)【己】国财政曾无解理紊乱之方，而以借债为抵制他国之计，前拒狼而后揖虎，虽至愚鲁，必不出此下策。又况川粤汉铁路借款，则又力拒商款以输入外债，四国之于东南主权，亦将如日俄之于远东，又何以自解于抵制他国之计(画)【划】也？两次合同，根本损失。而主张借债者又另议币制愿问之约，以巧避监督财政之名，借聘四国以外之工程师，以回护其卖路之实。司马昭之心迹，路人皆知，而谓借债以救国亡，其复谁信？然则今日借债政策，仍亡国政策耳。此新内阁政策之不可恃者一也。

二、改定币制政策。主张此项政策者，以借债为计(画)【划】，然此项借债将为购置币材之用耶？按国中人口之比例，需铸实币若干，需用币材若干，流通于中国之生银若干，银圆若干？如有详细调查比较，当采用自由铸造之法，以实值换实值，吸收国中之银货，而以外债补其不足。今于法制，则不采自由铸造，而以外债为基本，此何说也？将为大清银行准备金之用耶？大清银行之组织，纯反乎银行之原则，迩年以来，败相毕露，救正改革，实为先决之问题，而所谓准备金者，亦必有一定成数，今将以外债为准备金，而未见银行改良之方，并未确定准备金之数，又何理也？将以为收回旧(弊)【币】之用耶？国中旧(弊)【币】之恶孽，无逾于铜元之充斥，非不加贴补尽数收回，必终至乱币制之统系，而蹙国民之生计。筹拟旧币办法，大旨不外暂准照市价行用，按年限制，随时设法收回，最后之解决，归于体察事情，斟酌办理。准此办法，将欲并行，必有害于主币，欲收回，必致累及国民。名为改定币制，而币制卒不可实行，大清银行前途之信用，将不可保。而全国破产之惨象，将在目前，尚何以为国乎？则例颁行一载，施行瞬将届期，币制根本问题，曾未见有详晰之解决，而第树一借债改定之政策，然则今日改定币制政策，仍一借债亡国政策耳。此新内阁政策之不可恃者又一也。

三、兴业政策。主张兴业政策者，以东三省工业为计（画）【划】，而借外债以施行。夫生产之借债，与不生产之借债，其利害自迥不相同。然而政策者，系全国之政策；实业政策者，系全国农工商之政策。中国实业之凋敝，日甚一日，种种辅助之机关，如公司，如银行，屡踬不振，以无法律之保障，而执法者又不适用法律也。今欲振兴实业，先必能解决根本问题：第一，先确定完全之法律。应如何保护，如何补助，准他国之法理，按中国之情形，从速厘订颁布。第二，先定完全之政策。统计全国实业，何者应为国家专利，何者应听国民经营，国有实业应从何处何业着手，民间营业应如何监督救济，非统筹全局，成竹在胸，则生产之率，不能相当。今内地实业主权，半押抵操纵于外人之手，曾不一为顾虑，悬一振兴实业之名，而实只及于东省。东三省之生计种种，在外人掌握之中，曾不一为顾虑，悬一振兴实业之名，而实只言及东省工业，工业之范围亦广，办法亦夥，资本几何，先营何业，曾无详晰之表示，而第树一借债兴业之政策。借债兴业，为东省工业，则此项借债，应为东省借债，今惧东省旦暮不可保，偿还无着，而以全国担负之，乃定为国家政策，投资于旦暮不保之土地，而使全国人民任其偿还，此何心理也？今日且闻有主张矿产国有政策，以议续举巨债之实者，国法不问，国权不问，国民不问，然则今日兴业政策，仍一借债亡国政策耳。此新内阁政策之不可恃者又一也。

四、铁路国有政策。主张此项政策者，亦不外借入外债，收回商办之计划。其借债也，不外乎抵押；其收回也，不外乎压制。夫欲定铁路国有政策：第一，必有完全之区划。通一国内应办之铁路，干路几何，支路几何，何者为政事上铁路，何者为商事上铁路？干路是否一律禁止民办，政事铁路是否不应民办，民办铁路是否(防)【妨】碍国家行政主权，已归国有之铁路是否办有成绩？种种根本问题不解决，则不能区划。第二，必有精密之布置。德相谋交通之统一，历八年始议买收；比则先划官设干线，历十七年而始定；日本之买收国内铁路也，隐令商民以收回之股金，为南满拓殖之事业，是以他政策为主目的，而以铁路国有政策济之也；奥国始则奖励私设，继且补助子金，后且以国有铁路取半费买与人民，是因国有政策不及民有也。各国之先例俱在，按之中国内情，应如何妥为布置？第三，必有收回之能力。今纵无区划、无布置，(面)【而】国家财政整理之后，实有余力以为收回之资本，则克期收回，亦不得谓非政策，乃商民奉旨经年，咸晓然于交通要政之必需，铁路营业之利益，群策群力，冀睹商办之成功，或已开车，或待赶筑，或按年输股，是商力虽绵薄，尚以自(已)【己】之资本为铁路之主人。今骤反成命，改归国有，退还民股，而国有之主人翁，乃乞借于他之四国，弃自己之实力，引外人以抵制百姓，不问全国铁路之计划，不采各国国有之办法。率然请命，以遂其私，甚且以守商办成命者为违制，援用格杀勿论之条，诬一切摊股为派捐，博休养民力之誉。夫前之商办，今之国有，朝廷反汗，实以借债为前提，小民保全营业，系遵前旨，非作奸犯科可比，拟以格杀勿论，草菅人命者，有以异乎？立宪公例，人民以负担为原则，为增进幸福计，原不应沽煦煦孑孑之仁义，即谓民力竭蹙，则国内之滥捐苛税，屈指难终，何不取其甚者而亟除之？今夺民生业，而文之曰体念民艰，是一方面以恶税收吸人民之脂膏；一方面又绝其生活之路也。立宪国人民权利义务，固应尔乎？新内阁负全国之责，而有轻率之举动，然则铁路国有政策，不外借债亡国政策，实一铁路国有政策耳。此新内阁政策之不可恃者又一也。

五、禁烟政策。主张禁烟政策者，以从速禁革、提前办理为前提，似此项政策不为无见。然而资政院去年议决案，非以今年十二月为各省一律禁绝之期乎？新刑律明年施行，非列举种烟、运烟、吃烟各罪乎？外务部讵未之知耶？今观其与英使续订禁烟条件，则仍以七年为原则，仍以每年减运五千一百箱为原则，其于禁运也，则一以绝种为断，一以土药禁运为准，虽有分省办理之名，而归结于考查认可显有确据。若故使中国种绝、运绝之后，尚留此犹(预)【豫】期间，以为印药畅销之地者，且禁种不禁运，则来源不绝，而禁吸无功；禁运土药，不能同时禁运印药，则印药居奇，而禁运、禁种将致于无效，此必至之数也。其于烟税也，则以每斤箱加至三百五十两税为率，而以消除印药大宗贸易之各项限制，及征收各项税捐，为破除各口留难之事。若故予中国以赞助禁烟之名，而收自由贸易之实者，非为我国民不认此条件，即彼国民亦不直之，即第三国民亦力争之，而新内阁第一政策，乃有此废弛烟禁之反动，然则今日禁烟政策，例之往昔，又反汗矣。烟禁不速行，民毒不能去。此新内阁(策政)【政策】之不可恃者又一也。

六、外交政策。主张外交政策者，不外延宕与退让两途。近如片马交涉，暄传海内，滇督争持于上，绅民呼吁于下，国内人(土)【士】咸愤不平，外部迄未提出严重抗议。与英交涉乃者奏交由阁议，仍不外延宕退让之法。夫今日片马交涉，实由延宕所致，滇缅续约，本有查明情形再定界线等语，乘机不决，遂有革道石鸿韶与英领事烈敦会勘之误。外部既知石道之误，而自光绪三十一年至今，不援石道与烈敦误议之图证，速事另勘，酿成此辱。以延宕败于前者，乃欲以延宕持之于后，此何故也？外务部奏交阁议，有就范不易、拟照烈敦原议永远租(界)【借】等语。夫永远租借，实割让土地之变名词，若如所请，则高(丽)【黎】贡山将不保，英人从此沟通川藏，直踞长江上游。英人得利，法人继起，自余各国，亦必欲有以逞其所欲，何地非片马？何国非英人？大陆茫茫，瓜分在目，是以退让为亡国之券也。阁议月余，迄无办法，若故避退让之名，而为延宕之计，待英人累进，始故为万不得已，舍退让无他法以谢全国者，退让延宕，互相为用。从前外交之失败，悉由于此，新内阁固无以易之也。且也，北京各国使馆驻兵，大反各国公理。该项条约以今年七月为期，如三月以前不通知，则承认接续之事实，外部诸人亦无有议及此者，谓外部不知有条约，未免太甚；谓外部居心延宕，则延宕实外部外交之政策也。类此失败，笔不胜书，过此以往，犹如曩日，然则今日外交政策仍媚外政策耳。此新内阁政策之不可恃者又一也。

纵观以上各政策，与我人民所希望转危为安、转亡为存者，适成一相反之比例。我人民希望立宪，至于今日，国会之开，尚待后年，内外官制，迄未定议，方以为立宪尚不可期，乃君主立宪国之最重最要高级之机关，竟巍然出现于四千年来专制政体之中国。《内阁官制》十九条，姑无论其完全与否，而第二条有国务大臣辅弼皇帝担负责任之规定，第三条有内阁总理大臣定政治之方针、保持行政统一之规定，是中国竟立宪矣！是政府竟负责矣！而新内阁、新政策之发生乃如此！人民希望宪政之心日益高，政府所持之政策，乃日见其不可恃。昔日政府不可恃，犹以不负责任为巧避攻击之地，今日之内阁规定其责任矣，而政策仍不可恃。呜呼！吾人民欲得良美政治以救国亡，幸而睹新内阁，而新内阁若此，吾人民之希望绝矣！议员等一再呼号请命而不得，而救亡之策穷矣，然议员等犹以为未也。天下安危，匹夫与则；阁制既定，责有攸归。今日之新内阁而果实行担负责任也，则吾民人希望内阁之心，正有加而无已也。

而或者谓：此数政策有发于内阁官制(未)【未】颁以前者，有发于内阁总协理大臣辞职之际者，内阁将持此以为不负责任之地，不知四月初六日借款上谕，署名者为军机大臣奕劻、毓朗、那桐、徐世昌，十一日铁路借款上谕，署名者为奕劻、那桐、徐世昌、载泽，假盛宣怀，除毓盛外，后之内阁总协理大臣，即前之军机大臣，事属相承，策本一贯，是第一次借债政策，即新内阁之政策也。总协理大臣虽经辞职，而已遵旨到阁办事，照章署名，不得以总理再辞职、协理未谢恩，而以十一日所发禁烟、铁路国有、铁路借款各政策，为总协理卸其责，且各部尚书均为内阁国务大臣，既各照章署名，实有联带责任，更不得(藉)【借】此为不负责任地也。

或者又谓：阁制并(末)【未】实行，今日内阁，不过为暂行办事之内阁，恐无完全负责之希望。不知内阁为一国行政之总机关，断不可以一日暂行，使全国行政计(画)【划】出于姑且尝试之举，《暂行章程》理宜速取消也。且《暂行章程》虽有变通之处，而实用阁制第三、第四各条之规定，不得以其暂行变通，而谓阁制规定之责任，亦在取消之例也。然则，今日新内阁欲不负责而不能也。

今日新内阁，既据阁制而应负完全之责任，今日内阁之政策，犹是以前政府之政策，甚且推翻以前政府之政策，昔日政府不可恃，今日内阁果可恃乎？去年资政院弹劾军机，犹可以不负责任为词，今日阁制既明定担负责任，资政院常会时，内阁尚能以不负责任对付资政院乎？今日之内阁，虽一新其名称，而组织内阁之人则犹是昔日之军机，以素不负责任之人，一易其名，即能变而完全负责乎？今日内阁已发表之政策如此，未发表之政策，不卜可知。迨至资政院常会时，能保无去年弹劾之事乎？弹劾军机，去年已无效，以豫备议会之资政院而弹劾内阁，能否收法律上之效果乎？如仍无效，将解散资政院乎？则今日之内阁，实为皇族内阁，保无因资政院之解散，而一般人民之怨望，因内阁而及于皇族，因皇族而侵及神圣之君主乎？如弹劾而有效也，则必重新组织内阁，内阁可推倒，皇族可以推倒乎？推倒皇族内阁，仍为皇族内阁，万一不幸又有推倒之事，皇族特别不可动摇之地位安在乎？皇族特别不可动摇之地位既不能确定，而皇族实密隶于君主，君主神圣不可侵犯之原则，尚能保其永无(防)【妨】碍乎？是故欲救中国之亡，必得良美之政治，欲得良美政治，必得完全内阁，欲得完全内阁，必求不反乎责任内阁之原则。君主立宪国，皇族不能充当内阁，我国阁制，本无内阁必用皇族之规定，诚以内阁者，全国行政之所汇归，而人民希望之所集的也。内阁而自恃其不可动摇，则政策之进步不可期，内阁而为皇族，则内阁几有不可动摇之实质，如是则名为内阁，实则军机，名为立宪，实则专制矣。是故内阁者，可以动摇者也；皇族者，不可动摇者也。皇族组织内阁，则内阁不得动摇，是无内阁也；内阁仍可动摇，是无皇族也。无皇族，则君主危；无内阁，则国家危。观今日内阁政策之不可恃，则异日必重新组织内阁，观皇族内阁之不便动摇，则内阁无重新组织之日，而我国家永无良美政治之望。所谓欲救国亡，先定政策，欲定政策，先定政体者，此也。故必去皇族内阁，始有责任内阁，有完全负责之内阁，而后有良美之政治。疆场多故，时不再来。我故乡父老望治之深心，议员等愧无以报命，谨就救亡根本大计，具陈一二，望我父老恕议员等能力之薄弱，引天下为(已)【己】任，希望之心，永无断绝，则中国庶有豸乎！

《直省谘议局议员联合会第二届报告书》，京师北洋印刷局1911年刷印，第97～104页

为内阁案续行请愿通告各团体书

敬启者：议员等膺父老之付托，开联合会于京师，以国势阽危，非改良政治不足以图存，非改良政府即无改良政治之希

望。盖今日种种之恶政治，皆我政府之所铸造，我父老思之，迩年以来，朘削我民之脂膏，以餍我民之生命者，谁之咎？割让我国之土地，以饱外国之馋吻者，谁之咎？委弃海外之侨商，任屠戮呼吁而不顾者，谁之咎？盖举吾国民无老无幼、无男无妇，无不举首蹙额于我政府，而我迩年之政府，则世界各立宪国未有之皇族政府也，则我国初祖制所未有之皇族政府也。惟为皇族政府，其地位足以蔽塞圣聪，其势力足以左右内外臣工，我民即有至苦至痛之隐情，不能叩九阍而诉之，故皇族政府之阶级不废，无所谓改良政府，亦即无立宪之可言。乃者朝廷实行立宪政治，新设内阁，父老喁喁望治，方冀循立宪之通例，不复以皇族掌握政权，而官制发布之初，组织内阁之大臣仍属诸皇族。议员等伏阙呼吁，一再呈请。

六月初十日奉上谕：都察院代奏直省谘议局议员呈请另行组织内阁一折，黜陟百司，系君上大权，载在先朝《钦定宪法大纲》，并注明议员不得干预，兹值豫备立宪之时，凡我君民上下，何得稍出乎《大纲》范围之外？乃该议员等一再陈请，议论渐近嚣张，若不亟为申明，将来恐滋流弊。朝廷用人，审时度势，一秉大公，尔臣民均当懔遵《钦定宪法大纲》，不得率行干请，以符君主立宪之本旨。钦此。

伏查谕旨经内阁大臣之署名，即应归内阁大臣负其责任。此次内阁大臣署名之谕旨，舍皇族应否组织内阁而不言，惟以《宪法大纲》君上大权自为藏身之地，其所引之《宪法大纲》君上大权，又与议员等之所请求毫不相涉，则我内阁大臣之蒙蔽宸聪，辅弼无状，议员等所不敢不详为辨析也。

第一，内阁大臣署名之上谕谓：黜陟百司，系君主上大权，载在先朝《钦定大纲》，并注明议员不得干预，兹值豫备立宪之时，凡我君民上下，何得稍出乎《大纲》范围之外？窃思黜陟百司之权操诸君上，此自臣民所同认。惟议员等请不以皇族组织内阁，乃立法之原理问题，机关组织之原则问题，非用人问题也。准立宪国之通例，行政官不得兼任司法官，外国归化人于若干年内，不得任国务大臣。一机关之组织，类有特定之限制，以贯彻立法之精神。皇族之不任内阁大臣，亦立宪国所特定之限制，盖欲使内阁机关为完全负责任之机关，不得不使皇族立于内阁之外，皇族立于内阁之外，实无黜陟之可言。申言之，即凡所谓黜陟者，必其人在法律上可以组织某种机关，合则陟之，不合则黜之，是用人之问题，而非机关之问题也。若其人在立法上绝对不可以组织某种机关，无所谓黜，即无所谓陟，是纯为机关之问题，于其人之黜陟无与也。《宪法大纲》不云乎，君上神圣尊严，不可侵犯。君上何以不可侵犯？因有大臣代负责任。故大臣代负责任，何以不影响于君主？因大臣对于君主但有任命之关系，无亲族之关系。故东西君主立宪国限制皇族不入内阁之法理，全在保持君上之神圣尊严。我《宪法大纲》既列君上神圣尊严不可侵犯为专条，依论理之范围，应有皇族不入内阁之解释，故请皇族不组织内阁，非惟不出乎《宪法大纲》之外，实恪遵《宪法大纲》而后有此举也，且所谓干预君上黜陟之大权者，必对于大臣个人之贤否，强君主之黜之陟之也。请皇族不组织内阁，谓皇族自为一团体，立于特别之地位，不得与于国务大臣之列，以当攻击之冲，非谓皇族之贤者当陟、否者当黜，（龂龂）【断断】于皇族中之个人而评骘之也。议员等两次呈文，均请於皇族外另简大臣组织内阁。所谓除皇族外者，皆对于皇族团，而言之于皇族中之个人，未尝加丝毫之臧否。天下有对于个人不加臧否，而谓之干预黜陟大权耶？《宪法大纲》中附议院法纲领，一行政大臣如有违法情事，议院只可指实弹劾，其用舍之权，操之君上，不得干预朝廷黜陟之权，与《宪法大纲》中设官制禄及黜陟百司之权一条，互相发明。议院之弹劾大臣，与君上之黜陟大权，犹并行而不相碍。议员等之请愿，并非弹劾，而谓之干预君上黜陟大权耶？阁臣不能言内阁必用皇族组织之理，欲巧借《宪法大纲》以掩一时之耳目，而不自知其逸于《宪法大纲》之外，此不敢不详为辨析者一也。

第二，内阁大臣署名之上谕谓：朝廷用人，审时度势，一秉大公。尔臣民等均当懔遵《钦定宪法大纲》，不得率行干请，以符君主立宪之本旨。朝廷用人之必秉大公，为天下臣民所希望，审时度势，亦进退人才之妙用。然无论时势如何有绝对不能通融者，即皇族之充当内阁大臣是也。盖皇族密迩于君主，开一皇族内阁之例，因亲贵而授以国务，无以明朝廷大公之心迹，且内阁而充以皇族，推倒内阁，即有推倒皇族之嫌，则内阁又以皇族之故，将有不能适应时势之更迭，故君主国无不有皇族，且既定为立宪政体，即无一不划皇族于内阁之外，皇族不组织内阁者，实君主立宪国最著之本旨也。而内阁大臣署名之上谕，斥议员等不得率行干请，以符君主立宪之本旨。夫皇族，唯君主国有之，民主国无是也。皇族不入内阁之问题，惟君主立宪国有之，民主立宪国无是也。革命党与立宪党宗旨之差异，全在破坏君主政体与巩固君主政体之一点，惟欲破坏君主政体，方期铲除君主制度，皇族更非其所问。惟欲巩固君主政体，期君主之永保其神圣，即不得不望皇族之永保其安荣。议员等之请不以皇族组织内阁，使皇族不立于政治之中权，以招天下臣民之尤怨。皇族不为臣民之怨府，皇上乃能永为神圣之保持。怀挟斯旨，吁定经制，为爱皇族否耶？为爱皇上否耶？爱皇上因而爱皇族，爱皇族即以爱皇上，此为欲破坏君主立宪政体耶？抑正巩固君主立宪政体耶？议员等惟求符君主立宪之本旨，而后有此次之请求，方以无此请求，即不符君主立宪之本旨，即无以表示我臣民爱戴君主立宪之至诚，而阁臣乃以为与君主立宪之本旨不符，假上谕以申儆之，则议员等之所惶惑不解者也。夫君主立宪政体定自先朝，圣训煌煌，庶政公诸舆论，既为立宪，而禁臣民为政治之干请，犹得曰庶政公诸舆论耶？犹得曰符君主立宪之本旨耶？此不敢不详为辨析者又一也。

总之，议员等之所请求者，为不以皇族组织内阁。皇族以外，无论满、汉、蒙、回、藏之五族，但属中国臣民，合于为国务大臣之资格者，皆得邀帝心之简在本《宪法大纲》之精义，以求符君主立宪之本旨。议员等之所自信，抑亦我父老之所共信也。内阁大臣署名之上谕，于皇族内阁不置一词，则现内阁之自为庇护，不以立宪之公理启沃我皇上，又借我皇上之明谕，以冀缄天下之口，非独议员等之所深谕，抑亦我父老之所共谕也。夫立宪国之君主，以不负责任、不可侵犯为原则，内阁之组织，属于君主之懿亲，是于君主不负责任、不可侵犯外，加一不负责任、不可侵犯之内阁，以地位之尊严论，不啻一国之中有二君主，以政治之责任论，不啻一国之中全无政府。一国之中有二君主，不可以为国；一国之中全无政府，尤不可以为国。现内阁自固其地位，使我国家于世界立宪国家不能占一地位。

先朝之确定立宪政体，人民之希望立宪政治，自有现内阁，而破坏断绝尽矣。此可为太息痛哭者也。自今以往，内阁因皇族而益固，于世界立宪国外，树一不可动摇之内阁，任政治之腐败，民生之困阨，我人民惟当俯首帖耳，而不能一指摘、一攻击。指摘内阁，即指摘皇族也，攻击内阁，即攻击皇族也，指摘攻击皇族，即嫌于指摘攻击皇上也。自今以往，我人民无复可谈政治改良之一日，谈及政治改良，即冒触内阁，直接冒触皇上，是皇上之神圣尊严，与我臣民之言论自由，同载于《宪法大纲》者，其势且两不相容。日日言立宪，宪政重要机关之内阁，首与宪政之原则背道而驰，(乌乎)【呜呼】！其何望矣？议员等自愧能力薄弱，愚诚未至，不足以动天听。然欲得健全之政府，以改良政治，救中国之危局，区区之隐，始终罔间。读此次内阁大臣署名之上谕，亦未敢遽存绝望之想。

上谕固云：凡我君民上下，何得出乎《大纲》范围之外？我臣民恪遵《宪法大纲》之要求，朝廷即当恪守《宪法大纲》，以为制度之改善。此绎上谕之意而可知也。

上谕又云：朝廷用人，审时度势，一秉大公。则朝廷之视皇族内阁为暂时之计，而终以大公为归可知也。

上谕又云：尔臣民无得率行干请，盖当暂行制度之时，疑吾民求之太急，故有率行干请之语。庆亲王内阁，本有数月以后再候谕旨之明谕，稍俟数月，遵《宪法大纲》之大义，本君主立宪之本旨，再为请命，其必不以为率行干请又可知也。议员等窃体斯意，再励愚忱，定于八月内来京续行请愿，尤冀我海内外各团体同时派员来京，伏质帝阍，竭诚呼吁。倘邀皇上之俯鉴，另改内阁之组织，吾民得完全之内阁，可以求政治之改良，皇族不当政治之中枢，君主立宪政体愈益巩固，国利民福，岂有暨焉！敬布区区，伏维公察。

直省谘议局议员联合会谨启

《直省谘议局议员联合会第二届报告书》，京师北洋印刷局 1911 年刷印，第 105～109 页

附录二　直省谘议局议员联合会报告书杂记

致到京各会员函　四月初四日

敬启者：直省谘议局【议员】联合会各局特派员业经陆续到京，极应协议一切布置办法。兹定于初五日下午一钟在达智桥松筠庵开谈话会，届时务希贲临为盼。此请

公安！

联合会办事处谨启

《直省谘议局议员联合会第二届报告书》，京师北洋印刷局 1911 年刷印，第 1 页

致本会会员广告

敬启者：本届谘议局议员联合会会场及办事处，经各省到

京会员决定在达智桥松筠庵西院。所有陆续抵京之会员诸君，即请速到办事处注名为盼。

《直省谘议局议员联合会第二届报告书》，京师北洋印刷局1911年刷印，第1页

致江苏[省]谘议局电

江苏谘议局鉴：贵局联合会举员，在辞职之先，请仍速来京与会。

谘议局联合会叩

《直省谘议局议员联合会第二届报告书》，京师北洋印刷局1911年刷印，第1页

致马(湘)【相】伯电

吴淞复旦公学马(湘)【相】老鉴：联合会重要，盼公即来京。乞电复。

《直省谘议局议员联合会第二届报告书》，京师北洋印刷局1911年刷印，第2页

致黑龙江省谘议局电

黑龙江谘议局：请即派员来京开会。并复。

《直省谘议局议员联合会第二届报告书》，京师北洋印刷局1911年刷印，第2页

通告各会员函

敬启者：查本会《章程》第十二条，到会会员已达十二省以

上，得以公决即行开会等语，现在各省特派员到京者已过十二省，自应遵章公决开会，兹定于本月十四日午后一钟，在达智桥松筠庵开成立会，并举定主席，决定宗旨。届时务希贲临为盼。

《直省谘议局议员联合会第二届报告书》，京师北洋印刷局1911年刷印，第2页

致外城总厅函

敬肃者：凤阁等遵奉民政部颁结社集会律第六条，为政论之集会，联合各省谘议局议员，讨论各省地方公共之利害，以备各谘议局通常会之建议，理合查照定律，于开会前一日，将本会宗旨、会场、开会之年月日时及倡始人姓名、履历、住址、现有入会人数，逐项开列，具函呈报，届时听侯派遣人员临场监察，实为公便，肃泐敬请勋安，伏维亮察。不具。

阎凤阁　汤化龙　同顿首

计开：

一、宗旨。讨论各省共同之利害，以为谘议局通常会之准备。

二、会场。顺治门大街松筠庵。

三、开会之年月日时。订于本月十四日午后一时开始。

四、倡始人姓名住址。阎凤阁，直隶谘议局议长、住船板胡同义兴局。

汤化龙，湖北谘议局议长、住棉花上六条郑宅

五、现有入会人数。现有三十九人。

《直省谘议局议员联合会第二届报告书》，京师北洋印刷局 1911 年刷印，第 2 页

致各会员函

敬启者：今日，本会公决本会会费，各省仍照去年办法，每省先交壹百圆，三日内送本会办事处，作为一切开支之用。即请见函照办为祷。

《直省谘议局议员联合会第二届报告书》，京师北洋印刷局 1911 年刷印，第 3 页

致会员袁金铠函

敬启者：本会审查员刘崇佑君丁艰回籍，所有本会审查员应以当日选举得票次多数者递补。查执事当日票数在次多数之列，照章应即递补，已经今日当场公布，合再备函通知。此布。

《直省谘议局议员联合会第二届报告书》，京师北洋印刷局 1911 年刷印，第 3 页

致南京制台电

南京制台鉴：宁局议员因争豫算辞职，细考前后情形，并无违法事实，请维持。

《直省谘议局议员联合会第二届报告书》，京师北洋印刷局 1911 年刷印，第 3 页

致江宁谘议局电

江宁谘议局办事处鉴：贵局议员辞职，已电江督维持，如

可挽回，乞勿坚执。

《直省谘议局议员联合会第二届报告书》，京师北洋印刷局 1911 年刷印，第 3 页

致云南资[政]院议员张之霖顾视高函

敬启者：本会今岁提前开会，所有贵省谘议局应派员与会一节，已经奉到来电，以滇省较远，派员甚难，曾电知执事就近照办。理合肃函通知，请即按日到会为荷。

《直省谘议局议员联合会第二届报告书》，京师北洋印刷局 1911 年刷印，第 3 页

致江苏资政院议员函

敬启者：本月十四日，贵省谘议局遣派员张、金、汪三君声称宁局来电，该局议长及常驻议员辞职，此次遣派作为无效，所有提议事件，委托执事及贵省在京资政院议员诸公代表入会等语。除由本会全体表决不承认报告理由，仍请三君照常到会外，查本会《会章》第三条，载有各省谘议局选出之资政院议员未经各本局遣派者，亦得请其加入为本会会员等语，执事及贵省资政院诸君既经本局通电委任，尤与未经遣派者有别，理合肃函恭请，乞见函后，即将台端住址送交达智桥松筠庵本会办事处，以便遇事通知为荷。

《直省谘议局议员联合会第二届报告书》，京师北洋印刷局 1911 年刷印，第 4 页

复陕西谘议局函

陕西谘议局鉴：案，局章有议决本省单行之权，陕西厘金

改办统税，陕抚拟定章程，自是一省单行之件，照章应归局议，毫无疑义，不得以国家税强为牵混。况国家税与地方税尚未区分也。前年湖北改办统税，与陕西事同一律，其章程固经局议决者，本会当场解释，意见相同。合行祇覆，希即查照可也。

《直省谘议局议员联合会第二届报告书》，京师北洋印刷局1911年刷印，第4页

致各会员函

敬启者：本会连日开谈话会，原为讨论便利、进行迅速起见。乃迩日开会，到会人数时不及半，以至关于应行议决事项，诸多困难。前拟二十八日作为正式开会，务请台端按时莅会为祷。

《直省谘议局议员联合会第二届报告书》，京师北洋印刷局1911年刷印，第4页

致会员张道南函

敬启者：顷准贵省谘议局函称，刘君崇佑丁忧回（藉）【籍】，公推张君道南代表赴会等因。准此，除以后遇有事件随时函达外，理合先行通知，即请按时莅会为祷。

《直省谘议局议员联合会第二届报告书》，京师北洋印刷局1911年刷印，第4页

致汉口各团联合会上海商团联合会电稿

本会决议内阁请不用皇族总理、广练豫备兵以救危局两

案，已呈都察院，请代奏。

联合会

《直省谘议局议员联合会第二届报告书》，京师北洋印刷局 1911 年刷印，第 4 页

致各省会员函 附送奉天密码电本每省一册

敬启者：准奉天谘议局送到密码电本二十册，嘱为分送各省代表，以备各局遇有机密事务，往来通电之用。合将原册奉呈。即请查收为荷。

《直省谘议局议员联合会第二届报告书》，京师北洋印刷局 1911 年刷印，第 4～5 页

致上海商团汉口各团及各省谘议局电 五月十五日

上海、汉口各商团联合会鉴：内阁、豫备兵两案，已上奏。

联合会

各省谘议局鉴：内阁总理不宜用皇族，广练豫备兵以救危局两案，已上奏。

联合会

《直省谘议局议员联合会第二届报告书》，京师北洋印刷局 1911 年刷印，第 5 页

电各省谘议局及上海汉口各团 五月十七日

谘议局鉴：片马交涉，政府主延宕、退让两说，丧权误国。请(经)【径】电内阁，力争重勘。

联合会

《直省谘议局议员联合会第二届报告书》，京师北洋印刷局1911年刷印，第5页

致各省谘议局电　五月十八日

谘议局转各团公鉴：阁制、民兵两案奏上，留中。恳速同电内阁，请无论可否，明降上谕。

联合会

《直省谘议局议员联合会第二届报告书》，京师北洋印刷局1911年刷印，第5页

致帝京新闻函

大主笔鉴：前见贵报紧要新闻栏内，登有联合会之有始无终一则。现在本会正议进行办法，因将正式会暂停数日，各会员并无出京之事。请为更正是荷。

《直省谘议局议员联合会第二届报告书》，京师北洋印刷局1911年刷印，第5页

致上海汉口各团体电　五月二十四日

上海、汉口各商团联合会鉴：再争阁制呈，今日已递，请电都察院，促入奏。

谘议局联合会敬

《直省谘议局议员联合会第二届报告书》，京师北洋印刷局1911年刷印，第5页

致各会员函　五月二十八日

敬启者：明日下午时一钟，本会正式闭会。届时务乞贲临

至祷。此请

公安！

《直省谘议局议员联合会第二届报告书》，京师北洋印刷局1911年刷印，第5页

通告各省谘议局常年会提议阁制案函

敬启者：本会议决阁制案，曾经迭次电达，计邀鉴及。此案迄今未奉明诏，近又递呈，揆度情势，仍恐无效。经全体讨议，以为此案如不得请，我辈终难嘿然。公决：除陈请资政〈政〉院建议外，由各局于本年常会时先提此案，呈请督抚代奏，庶以主张之一致，收实效于将来。为此通告，专请

议安！

《直省谘议局议员联合会第二届报告书》，京师北洋印刷局1911年刷印，第5～6页

覆广西谘议局函

敬覆者：前接贵局提议变更会议厅制，来电当经作为议案提出，本会一读以后，交付审查。嗣由审查报告种种理由，拟请缓议，已经公同认可。理合检呈审查报告原案，通知贵局，即请察照为荷。此复。即请

公安！

《直省谘议局议员联合会第二届报告书》，京师北洋印刷局1911年刷印，第6页

覆私塾改良会代表沈亮函

敬覆者：日前大驾贲临，并惠示尊著及章程、一览表等件

各四十本，当经分布本会会员，佥以教育普及必由私塾改良入手，久为一般所公认。阁下热心毅力，成绩昭然，尤所共仰。各省闻风兴起，多已仿行，当由同人归报本局，极力提倡，以副盛怀。专此肃覆，敬请

台安！

《直省谘议局议员联合会第二届报告书》，京师北洋印刷局1911年刷印，第6页

通告各省函附送吉林谘议局振兴实业意见书

敬启者：本会开会，经吉林会员何君印川提出振兴实业意见书，经全体公决，由本会通告各省，合将原意见书转函奉呈，即请察阅为荷。此请

台安！

《直省谘议局议员联合会第二届报告书》，京师北洋印刷局1911年刷印，第6页

通告各省禁烟函

敬启者：禁烟问题，本会曾列为议案，呈请代奏。原案计邀鉴及，兹由国民禁烟总会交到《禁烟章程》一份，意在各省一律进行。经开会讨论，佥谓可采之处甚多，亟应通告各省，以便酌量照办。谨将原章附呈，即请察照为荷。此请

议安！

《直省谘议局议员联合会第二届报告书》，京师北洋印刷局1911年刷印，第7页

通告各省办体育社函

敬启者：本会开会以来，于各省提出民团问题，迭经讨论，以为团练办法。各省既难一致，且以无系统之组织，用之御侮，断难收效。因公同议决，请国家增练备补兵，以为全国皆兵之基础，更由各省倡办体育社，以养成军国民之精神。除备补兵一案业经由院代奏外，所有拟定体育社简章，亟应通告各省，速为兴办，以收实效。谨将简章奉呈，即请察照办理为祷。此请

公安！

《直省谘议局议员联合会第二届报告书》，京师北洋印刷局 1911 年刷印，第 7 页

通告各省函直湘另函通知

敬启者：本会明年庶务、通信两主任，现经公推，庶务仍由顺直谘议局担任，通信由湖南谘议局担任。已经全体认可，理合通知，即请察照为荷。此请

议安！

《直省谘议局议员联合会第二届报告书》，京师北洋印刷局 1911 年刷印，第 7 页

通告各省督抚及各国公使函

敬启者：自近年宣示立宪、诏开国会以来，薄海臣民欲保持皇室之尊严，希望内阁，已非一日。(迺)【乃】者钦奉明谕，颁布阁制，万众轩渠，争以先睹为快。惟是总理大臣仍充以皇族，揆之臣民爱戴皇室之意，尚有未合东西立宪君主所以神圣

不可侵犯者，以有内阁为之负责任也。内阁责任，原属联带，以总理大臣组织各国务大臣之故，责任仍以总理为汇归。组织内阁之总理大臣，以皇族充当，于东西立宪国外，开一皇族内阁之特例，将来攻讦内阁，即攻讦皇族，万一因皇族而牵及君主，势必举神圣不可侵犯之义尽失，而于立宪之原则乃大相背。连日以来，海内人士私忧窃计，以为创制之始，稍一不慎，关系于国家前途者，至深且钜。议员等受父老之委托，来京会议，际此重大问题，欲嘿不能。昨已将此中利害，痛哭上陈，而待罪旬余，未奉明谕。现正再行(渍)(渎)请，不知后效何如？我公顾劳国是，怀才远识，久为海内所钦依，谨将两次原稿奉上，倘能俛采(蒭)【刍】言，详明入告，则所以造福于国家者，当无量数。逖听下风，不胜迫切屏营之至。专肃敬请

勋安！

《直省谘议局议员联合会第二届报告书》，京师北洋印刷局 1911 年刷印，第 7～8 页

致孙伯兰函

敬启者：本会已经闭会，同人暂留数日，即应言旋后此关系本会议决各案，如京中得何消息，亟应函达本会通信主任谘议局，以期信息灵通，进行无阻，已经公推台端担认此事，理合具函委托。即请

台安！

《直省谘议局议员联合会第二届报告书》，京师北洋印刷局 1911 年刷印，第 8～9 页

致湖北谘议局函

敬启者：本会议决阁制案，关系重要，明旨未降，万难嘿然。兹经公同议决，除由本会陈请资政院及常年会，各在本局提出建议，呈请督抚代奏外，拟烦贵局通知汉口各商团联合会，速行联合上海各处商团，于今年资政院开院之前，各举代表到京，专对此事上建议案，声援既壮，或者实效可收。想贵局必乐于赞助也。专肃即请

公安！

《直省谘议局议员联合会第二届报告书》，京师北洋印刷局 1911 年刷印，第 9 页

通告各省例会改期函

敬启者：本会定章，每年六月在京开会一次。本届开会，经会员提议，以为六月开会，稍一延缓，即须八月始克竣事。尔时距各局常年会甚近，闭会后，旋局豫备一切，诸多匆迫，拟请酌改章程，提前以每年五月初一日为例会期，其因紧急事项特别提前者，不在此列，已由到会会员全体表决赞成，酌改原章。理合具函通告，敬请

台安！

《直省谘议局议员联合会第二届报告书》，京师北洋印刷局 1911 年刷印，第 9 页

致河南续派代表张君函

敬启者：昨接方干周先生来函，知贵局续推台端莅会，实

所欢迎。惜本会已于上月二十九日公决闭会，未得与闻庄论，殊为怅然。谨将本会议决各案已印就者，各呈数份察阅，其余陆续印出，当再奉呈也。专布，即请

旅安！

《直省谘议局议员联合会第二届报告书》，京师北洋印刷局1911年刷印，第9页

致各会员函

敬启者：本会第二次上奏案，已奉明旨，此后如何进行，亟待讨论。兹定于十一日午后一钟开谈话会，届时务乞贲临为祷。

《直省谘议局议员联合会第二届报告书》，京师北洋印刷局1911年刷印，第9页

致汉口各团联合会电

汉口各团联合会鉴：微电悉。奉旨未如所请，拟再争。联合会。真。

《直省谘议局议员联合会第二届报告书》，京师北洋印刷局1911年刷印，第9页

直省谘议局议员联合会办事处经费报告①

直省谘议局议员联合会办事处自四月初一日起至六月二十二日止经费报告：

---

① 标题为重拟。

计开：

旧管	**银元数**	**铜元数**
	洋肆百柒拾贰元伍角伍分	钱捌吊玖百贰拾文
新收	**银元数**	**铜元数**
浙江	洋壹百元整	
浙江	洋玖拾元整补交上年会费	
福建	洋壹百元整	
四川	洋壹百元整	
奉天	洋壹百元整	
湖南	洋壹百元整	
湖北	洋壹百元整	
安徽	洋壹百元整	
江苏	洋壹百元整	
山西	洋壹百元整	
广西	洋玖拾捌元贰角贰分	
陕西	洋壹百元整	
河南	洋壹百元整	
江西	洋壹百元整	
黑龙江	洋伍拾元整	
吉林	洋捌拾元整	
直隶	洋壹百元整	
山东	洋壹百元整	
云南	洋壹百元整	

以上共收洋壹千捌百壹拾捌元贰角贰分，易进钱贰千壹百零捌吊壹百叁拾文

开除	银元数	铜元数
易出	洋壹百陆拾伍元陆角	钱无
印刷	洋叁百伍拾肆元伍角零捌厘	钱无
伙食	洋贰百贰拾贰元伍角玖分	钱叁百叁拾叁吊肆百文
置买	洋壹百贰拾肆元叁角伍分玖厘	钱叁百壹拾捌吊叁百玖拾文
邮电	洋肆百玖拾柒元陆角零捌厘	钱壹拾捌吊陆百文
脚力	洋无	钱伍百零柒吊贰百文
杂项	洋叁百陆拾伍元肆角零伍厘	钱捌百玖拾伍吊零肆拾文
	（助松筠庵五十元、孤儿院百元均在内）	
薪工	洋肆百柒拾伍元肆角	钱无
以上共出	洋贰千贰百零伍元肆角柒分	钱贰千零柒拾贰吊陆百叁拾文

实在	银元数	铜元数
	存洋捌拾伍元叁角	存钱肆拾肆吊肆佰贰拾文

《直省谘议局议员联合会第二届报告书》，京师北洋印刷局1911年刷印，第1～2页

后　记

搜求清末新政和立宪运动时期浩繁的历史文献，是我这几年来一直在从事的主要工作之一。2011年中，当我参与的国家清史纂修工程文献类重点项目《立宪运动》大型史料集甫告完成之际，谭徐锋先生找到我，希望在纪念辛亥革命100周年之际，能点校出版清末立宪运动中重要的文献——第一届和第二届《直省谘议局议员联合会报告书》，我不假思索，欣然应允。因为，这确实是一份反映清末新政和立宪运动时期、辛亥革命时期中国社会的重要力量之一——清末立宪派的活动、思想状况、处境和艰难决择的重要文献，是了解当时的历史语境、历史选择的重要文献，而我此前参与编纂的《立宪运动》史料集并未全文收录，也是促使我点校这一合刊本的重要因素。至少从这两方面考虑，这一工作是有其意义和价值的。

不过，世上之事不如意者十之八九，学术研究同样如此。两届《直省谘议局议员联合会报告书》原刊本的搜寻过程并不顺利，以致点校工作一拖再拖，未能赶上辛亥革命100周年纪念。好在本书也能在一定层面上反映出清王朝未能抓住“挽救自己命运的最后一根稻草”的历史状况，自有其意义。

这一册史料点校本能得以问世，要感谢北京大学罗志田教授、北京师范大学出版社谭徐锋先生的大力促成。当然，同时也要感谢我所服务的北京师范大学历史学院为我提供了良好的研究环境，使我能集中精力完成这一工作。

今天，点校工作宣告完成，而新年的脚步也已很近了，我也把这本小书献给自己和家人，作为这一年勤恳工作的小小纪念和新春的贺礼吧！

邱　涛

2012年1月20日于北京师范大学乐育五楼

图书在版编目(CIP)数据

直省谘议局议员联合会报告书汇录／邱涛点校.—北京：北京师范大学出版社，2013.1
（历史记忆）
ISBN 978-7-303-15592-7

Ⅰ.①直… Ⅱ.①邱… Ⅲ.①政治组织－史料－汇编－中国－清后期 Ⅳ.①D691.74

中国版本图书馆CIP数据核字（2012）第258999号

营销中心电话 010-58802181 58805532
北师大出版社高等教育分社网 http://gaojiao.bnup.com.cn
电子信箱 beishida168@126.com

ZHISHENG ZIYIJU YIYUAN LIANHEHUI BAOGAOSHU HUILU
出版发行：北京师范大学出版社 www.bnup.com.cn
北京新街口外大街19号
邮政编码：100875
印　　刷：北京京师印务有限公司
经　　销：全国新华书店
开　　本：148 mm × 210 mm
印　　张：9
字　　数：200千字
版　　次：2013年1月第1版
印　　次：2013年1月第1次印刷
定　　价：35.00元

策划编辑：谭徐锋　　责任编辑：刘松弢
美术编辑：谭徐锋　　装帧设计：蔡立国
责任校对：李　菡　　责任印制：李　啸